黑龙江省社会科学研究规划项目
项目批准号：16JLB03
中央高校基本科研业务费专项资金资助

产业协同创新制度分析的
范畴、视角与架构
——基于马克思主义经济学视阈

孟琦◎著

人民日报出版社

北京

图书在版编目（CIP）数据

产业协同创新制度分析的范畴、视角与架构：基于马克思主义经济学视阈/孟琦著．—北京：人民日报出版社，2021.1

ISBN 978-7-5115-6705-5

Ⅰ．①产… Ⅱ．①孟… Ⅲ．①制造工业－产业发展－研究－中国②马克思主义政治经济学－研究 Ⅳ．①F426.4②F0-0

中国版本图书馆CIP数据核字（2020）第226346号

书　　名：产业协同创新制度分析的范畴、视角与架构
　　　　　——基于马克思主义经济学视阈
　　　　　CHANYE XIETONG CHUANGXIN ZHIDU FENXI DE FANCHOU、
　　　　　SHIJIAO YU JIAGOU--JIYU MAKESI ZHUYI JINGJIXUE SHIYU
著　　者：孟　琦
出 版 人：刘华新
责任编辑：袁兆英
封面设计：中尚图
出版发行：人民日报出版社
社　　址：北京金台西路2号
邮政编码：100733
发行热线：（010）65363528　65369512　65369509　65363531
邮购热线：（010）65369530　65363527
编辑热线：（010）65363105
网　　址：www.peopledailypress.com
经　　销：新华书店
印　　刷：河北盛世彩捷印刷有限公司
法律顾问：北京科宇律师事务所　010-83622312
开　　本：710mm × 1000mm　1/16
字　　数：152千字
印　　张：11
版次印次：2021年1月第1版　2021年1月第1次印刷
书　　号：ISBN 978-7-5115-6705-5
定　　价：59.00元

内容简介

党的十八大以来，从产学研协同创新、产学研深度融合到产学研一体化的快速发展，代表了产业协同创新的重要演进趋势。在实施创新驱动发展战略和供给侧结构性改革背景下，以改革推动产业协同创新，最大限度地整合创新要素以提高企业自主创新能力，最重要的是以其制度结构改革与优化为主要内容的制度演化研究，需要以马克思主义经济学的立场、观点和方法进行制度分析。回顾产业协同创新制度演化研究的发展历程，历经以产学研联合、产学研结合为重点的制度研究阶段和党的十八大以来以产学研协同创新、产学研深度融合为重点的制度研究阶段。增强马克思主义经济学理论指导和解决中国经济现实问题的理论自信、在产业协同创新制度演化中落实新发展理念以及提高产业自主创新能力，具有重要现实意义。本书研究基于马克思主义经济学视阈，以产业协同创新制度分析的视度、范畴与架构为主要研究对象，以党的十八大、十八届三中、四中及五中全会、十九大、十九届三中、四中全会精神和习近平总书记系列重要讲话精神为指导，基于马克思主义经济学的根本立场、观点与方法，在马克思主义经济学制度分析整体框架下对接新制度经济学制度分析和系统演化分析等方法，辩证地借鉴新制度经济学、演化经济学、复杂系统科学、认知科学、科学哲学等多学科理论，体现协同创新与制度创新辩证统一的经济发展思想，实践上为产业协同创新及政府行为决策提供指导。

　　本书研究以理论逻辑为起点，坚持马克思主义经济学基本原理和方法论，把握马克思社会分工理论及其当代价值，根据产业协同创新分工与协作的特点，以新发展理念为指导，探究在技术创新和制度创新的协同作用下、产业协同创新的适应性制度演化机理。本书对产业协同创新的制度分析，在马克思主义经济学制度分析视角下，运用辩证唯物主义和历史唯物主义世界观和方法论，体现制度分析的公平视角和系统复杂性视角，引入协同学的序参量概念作为产业协同创新制度系统演化发展的重要变量，以提高产业技术创新能力为制度系统序参量，建立产业协同创新制度系统序参量演化方程，发挥提高产业技术创新能力对产业协同创新制度系统演化的目标指引与控制力的作用。

　　从制度演化的角度来看，制度分析范畴不同于制度结构。马克思主义经济学制度分析是在生产力和生产关系、经济基础和上层建筑之间互相作用的整体联系和内在辩证关系中研究经济制度，其制度分析范畴涵盖了新、老制度经济学派的制度内涵。产业协同创新制度分析的首要问题是确定其制度分析范畴，马克思主义经济学视阈下，产业协同创新的制度分析范畴不仅包括其制度系统，还涉及与其相互作用、相互联系的宏观社会制度环境，其中产业协同创新制度系统包括制度主体、创新资源、制度安排、协同机制。产业协同创新的制度结构则由按照一定规律和方式相互作用的具体制度安排、协同机制构成，形成制度经济学与系统科学双重意义上的制度结构。系统结构决定功能，产业协同创新制度系统嵌入到宏观制度环境并且其功能受制度环境的影响。根据党的十九届四中全会审议通过的《中共中央关于坚持和完善中国特色社会主义制度、推进国家治理体系和治理能力现代化若干重大问题的决定》，中国特色社会主义制度是我国国家制度。在这一科学制度体系中，起四梁八柱作用的是根本制度、基本制度、重要制度。在马克思主义经济学视阈下，基于辩证唯物主义和历史唯物主义根本方法和系统思维的运用，特定历史阶段的生产力与生产关系、经济基础与上层建筑的辩证关系是经济学分析的基本前提，成为个人理性经济行为的整体性制约。在社会主义市场经济中，产业协同创新的制度分析及其对产业协同创新和产业技术创新能力提升的促进，必然要在由根本制度、基本制度、重要制度为支撑的中国特色社会主义制度体系的整体框架内实现。

马克思主义经济学视阈下，技术创新与制度创新之间存在辩证统一关系。产业技术创新联盟凭借其强大的组织优势成为产业协同创新重要的组织模式。以提高产业技术创新能力为目标，根据产业技术创新联盟分工与协作的制度适应性要求，探究产业技术创新联盟制度分析的逻辑架构，透视联盟制度系统存在的复杂性问题，提炼联盟制度效率的衡量指标体系，建立联盟制度系统复杂性问题程度的认知机制，探寻联盟制度的优化路径。基于分工与协作的适应性要求，以乳品产业技术创新联盟适应性制度选择分析为例，可依据乳品产业协同创新的市场特性和依赖性探究其制度选择机制。

马克思主义经济学制度分析基于唯物辩证法和唯物史观的方法论，为产业协同创新制度系统演化中的外部适应性传递到并能通过内部适应性来落实提供了基本前提。坚持以人民为中心的发展思想是马克思主义政治经济学的根本立场，认知产业协同创新制度演化适应性效率，关键在于认知其制度演化在适应协同创新发展要求中，对新发展理念等主导经济意识形态的适应性与落实程度，强化问题意识并反映其制度演化中可能存在的问题。以问题为导向分析产业协同创新制度演化，在具体微观层面贯彻、落实以人民为中心的发展思想，其制度适应性效率的衡量不仅体现发展生产力的物质范畴，更要考量以劳动者为主体的公平等社会范畴。在供给侧结构性改革背景下，制造业质量是供给质量提高的关键，其实质是以技术创新为核心的创新驱动。以改革推动制造业协同创新，是最大限度地整合创新要素、提高制造业自主创新能力的重要途径。马克思研究任何一种微观经济问题都是置于社会之中，在研究任何一种宏观问题又不脱离微观经济问题。中国特色社会主义制度体系作为一个整体，局部的制度都要受到整体的约束。强调深化经济体制改革，要紧紧围绕使市场在资源配置中起决定性作用和更好发挥政府作用。这一系统工程需要在辩证唯物主义和历史唯物主义立场、观点和方法为指导，注重系统性、整体性和协同性，运用正确的思想方法。综上所述，本书从探究产协同创新适应性制度演化机制、构建产业协同创新制度适应性效率的认知机制、基于产业协同创新制度系统的复杂性问题建立制度优化路径、以制造业为重点加强产业协同创新制度演化研究、系统运用全面深化改革的方法论，推进基本经济制度优势更好地转化为国家治理效能，五个方面给出产业协同创新适应性制究演化的推进路径。

目 录

CONTENTS

导　论…………………………………………………………… **001**

　　一、问题的提出与背景 ……………………………………… 001

　　二、主要研究方法及其释义 ………………………………… 004

　　三、研究内容与结构安排 …………………………………… 013

　　四、主要创新之处 …………………………………………… 016

第一章　改革开放以来产业协同创新制度演化研究的发展历程…… **018**

　　一、以产学研联合、产学研结合为特征的产业协同创新制度

　　　　研究阶段 ……………………………………………… 020

　　二、以产学研协同创新、产学研融合为重点的产业协同创新

　　　　制度演化研究阶段 …………………………………… 026

　　三、改革开放以来产业协同创新制度演化研究总结与分析 …… 033

第二章　产业协同创新制度分析的理论架构……………… **037**

　　一、坚持马克思主义经济学基本原理和方法论 …………… 037

　　二、运用马克思主义经济学制度分析理论 ………………… 040

　　三、把握马克思社会分工理论及其当代价值 ……………… 041

　　四、以新发展理念为指导 …………………………………… 051

五、辩证地吸收与借鉴新制度经济学制度分析理论与方法 …… 055

六、融合复杂系统理论 ……………………………… 056

第三章　产业协同创新制度分析视角……………………… **064**

一、马克思主义经济学制度分析视角 ……………… 064

二、产业协同创新制度分析的公平视角 …………… 076

三、产业协同创新制度分析的复杂性视角 ………… 079

第四章　产业协同创新制度分析范畴与制度结构……… **095**

一、演化经济学中的制度分析范畴 ………………… 095

二、新、老制度经济学中的制度分析范畴 ………… 097

三、马克思主义经济学中的制度分析范畴 ………… 099

四、产业协同创新制度分析范畴 …………………… 101

五、产业协同创新的制度结构 ……………………… 109

第五章　产业协同创新制度演化分析的逻辑架构

　　　　——以产业技术创新联盟为例……………… **113**

一、马克思主义经济学视角下技术与制度的辩证关系 … 115

二、产业技术创新联盟分工与协作的制度适应性要求 … 119

三、产业技术创新联盟制度分析逻辑架构 ………… 121

四、产业技术创新联盟制度效率的衡量 …………… 123

第六章　产业协同创新适应性制度演化的推进路径……… **127**

一、探究产业协同创新适应性制度演化机制 ……… 127

二、构建产业协同创新制度演化适应性效率的认知机制 ……… 128

三、基于产业协同创新制度系统的复杂性问题建立制度
优化路径 ……………………………………………… 131

四、以制造业为重点加强产业协同创新的制度演化研究 ……… 136

五、在全面深化改革的制度环境中，推进基本经济制度
优势更好地转化为国家治理效能 …………………… 140

结　语 …………………………………………………………… 150

参考文献 ………………………………………………………… 155

导　论

一、问题的提出与背景

在党的十九届四中全会对社会主义基本经济制度的内涵实现了重大理论创新与突破，发展为"公有制为主体、多种所有制经济共同发展，按劳分配为主体、多种分配方式，社会主义市场经济体制等社会主义基本经济制度"。为把中国特色社会主义基本经济制度优势更好地转化为国家治理效能，《决定》在十三个"坚持和完善"中，在"坚持和完善社会主义基本经济制度，推动经济高质量发展"方面，提出要全面贯彻新发展理念，加快完善社会主义市场经济体制，要健全推动发展先进制造业、振兴实体经济的体制机制，要完善科技创新体制机制，建立以企业为主体、市场为导向、产学研深度融合的技术创新体系。

改革开放 40 多年来，中国产业协同创新的制度演化总体上是在不断适应产业协同创新的发展要注中进行的。从 20 世纪 90 年代的产学研合作开始，到党的十八大以来产学研协同创新、产学研深度融合到产学研一体化的快速发展，代表了产业协同创新的重要演进趋势。全面深化改革作为推进协同创新的重要的战略抓手，是解决中国现实问题的根本途径。2013 年党的十八届三中全会在明确提出要建立产学研协同创新机制的同时指出，发挥经济体制改革牵引作用，就是要推动生产关系同生产力、上层建筑同经济基础相适应。经济发展新常态下，针对我国发展中的突出矛盾和问题，2015 年 10 月，党的十八届五中全会提出创新、协调、绿色、开放、共享的发展理念。2016 年，国家"十三五"规划纲要（2016–2020）明确要求，要以供给侧结构性改革为主线，加快形成引领经济发展新常态的体制机制和发展方式。同年，中共中央、国务院发布《国家创新驱动发展战略纲要》提出，各类创新主体要协同互动，创新要素要顺畅流动和高效配置，企业、科研院所、高校和社会组织等各类创新主体功能明确定位，要构建开放高效的创新网络和形成以创新为驱动制度安排和环境保障。2017 年党的十九大对于要建设产学研深度融合的技术创新体系有明确的要求，提出要能过改革构建系统完备、科学规范、运行有效的制度体系。

当前，供给侧结构性改革背景下以改革推动产业协同创新，最大限度地整合创新要素以提高企业自主创新能力，最重要的是以其制度结构改革与优化为主要内容的制度演化研究，需要以马克思主义经济学的立场、观点和方法进行制度分析。从制度经济学角度来看，制度分析的核心思想涉及习惯、规则等制度及其演化（霍奇逊，2005），形成更高效益制度的制度变迁是一个复杂的演化过程，这种演化是自我发展且没有终点的过程。在马克思主义经济学中，制度是特定时期生产力水平下、特定生产关系中人们经济行为的基本规则与规范。马克思主义经济学制度分析是以辩证唯物主义和历史唯物主义为根本方法论，在生产力和生产关系、经济基础和上层建筑的整体联系和内在辩证关系中分析社会经济制度的演化发展，存在着制度分析的整体框架。改革开放 40 多年来，对于中国特色社会主义制度不断自我完善和发展，以辩证唯物主义和历史唯物主义为根本方法的马克思主义制度分析理论最具有解释力和说服力，并且事实上也始终发挥着主导作用。虽然目前以产业结构调整与升级为方向的产业协同创新研究日益成为研究热点，但仍缺少对产业协同创新进行制度分析的专项研究，其相关研究也主要基于新制度经济学制度分析范式，缺少基于马克思主义经济学制度分析视角对产业协同创新制度演化的专项研究；也缺乏在马克思主义经济学制度分析框架下与新制度经济学、西方经济学等理论与方法的对接研究。

产业协同创新制度研究作为哲学社会科学领域的重要研究方向，基于马克思主义经济学制度分析理论和方法，紧密结合中国特色社会主义进入新时代的阶段性发展特征与适应社会主要矛盾变化的要求，探索其拓展性研究，无论是在学术上还是实践层面都具有重要现实意义。坚持以马克思主义为指导，是当代中国哲学社会科学区别于其他哲学社会科学的根本标志，必须旗帜鲜明加以坚持，其中坚持马克思主义基本原理和贯穿其中的立场、观点、方法最为重要。当前，面对复杂的国际疫情和世界经济形势，更需要以马克思主义经济学理论为指导，运用马克思主义经济学制度分析理论与方法，从制度分析的整体性角度探究具体经济制度演化的理论逻辑，深入把握具体经济制度在层层嵌入的整体性逻辑中发挥优势的动力机制。

马克思主义政治经济学作为马克思主义的重要组成部分，唯物史观是其哲学基础和指导思想。马克思和恩格斯以辩证唯物主义和历史唯物主义为其所创立的马克思主义经济学的根本方法，构建了马克思主义经济学的科学体系。习近平总书记在 2015 年 11 月中共中央政治局第二十八次集体学习、12 月中央经济工作会议、2016 年 7 月主持召开的经济形势专家座谈会等重要讲话中分别强调并指出，要立足我国国情和我国发展实践，发展当代中国马克思主义政治经济学，要始终坚持马克思主义经济学的指导地位不动摇，同时融合西方经济学的优秀成果，逐步完善中国特色社会主义政治经济学理论体系建设。在马克思主义中国化的进程中，中国特色社会主义政治经济学作为中国化的马克思主义政治经济学，坚持马克思主义经济学的基本原理与方法。在马克思主义经济学视阈下，以中国特色社会主义政治经济学最新成果、新发展理念为主要内容的习近平新时代中国特色社会主义经济思想为指导，在产业协同创新制度演化中落实新发展理念并探寻其制度演化的机制与路径，对于提高产业组织自主创新能力具有重要现实意义。

二、主要研究方法及其释义

（一）辩证唯物主义和历史唯物主义根本世界观和方法论

1845 年至 1846 年马克思和恩格斯合作撰写的《德意志意识形态》作为唯物史观创立的重要标志，比较系统地阐述了唯物史观的基本原理。此后，1859 年，马克思出版了《政治经济学批判》第一分册，并在序言中基于此前从 1843 年开始十几年的研究实践，又进一步深入阐明了生产力决定生产关系、经济基础决定上层建筑、社会存在决定社会意识等历史唯物主义基本原理。马克思在《政治经济学批判》的序言中对唯物史观做了经典表述："人们在自己生活的社会生产中发生一定的、必然的、不以他们的意志为转移的关系，即同他们的物质

生产力的一定发展阶段相适合的生产关系。这些生产关系的总和构成
社会的经济结构，即有法律的和政治的上层建筑竖立其上并有一寂的
社会意识形态与之相适应的现实基础。物质生活的生产方式制约着整
个社会生活、政治生活和精神生活的过程。不是人们的意识决定人们
的存在，相反，是人们的社会存在决定人们的意识……随着经济基础
的变更，全部庞大的上层建筑也或慢或快地发生变革"。[①] 这段经典定
义揭示了生产力和生产关系之间的矛盾、经济基础和上层建筑间的矛
盾，是推动一切社会发展的基本矛盾，成为唯物史观的核心观点。

　　根据唯物史观，历史发展有其内在的规律性，即生产力决定生产
关系，生产关系对生产力有反作用并且要适应生产力的发展要求，同
时也说明社会基本矛盾是在社会发展全过程起支配作用、规定着社会
发展全过程的本质力量，即生产力和生产关系、经济基础和上层建筑
的矛盾。生产关系是生产力发展需要的产物，当它不能适应生产力的
发展要求时，人们就要变革旧的生产关系，建立新的生产关系，以适
应生产力的发展。当生产关系适合生产力发展的客观要求时，它对生
产力的发展起推动作用。反之，则会阻碍生产力的发展。同样，有什
么样的经济基础就有什么样的上层建筑，经济基础的变更必然引起上
层建筑的变革。当上层建筑为适应生产力的发展要求的经济基础服务
时，就会推动社会的进步，反之，则会成为阻碍社会发展的消极力量。

　　唯物辩证法是马克思主义经济学的另一根本方法。马克思、恩格
斯科学地将辩证法和唯物主义有机结合并创立的唯物辩证法，是关于
自然界、人类社会、历史和人类思维的一般规律的哲学方法，普遍联

[①] 《马克思恩格斯选集》(第 2 卷)，人民出版社，2012：2-3.

系和永恒发展是并于世界存在的两个总的基本特征，包括对立统一规律、质量互变规律和否定之否定规律，从而形成科学的认识论和方法论，为我们正确地认识和改造世界提供了科学的思想方法和工作方法。根据唯物辩证法普遍联系的观点，世界是一个有机体，其中一切事物都处于相互影响、相互作用、相互制约之中，反对独立地、片面地看问题。这种联系是客观的，是事物本身所固有的，不以人的意志为转移。这就要求我们从实际出发，决不能主观臆造忽视固有的真实的联系。联系的普遍性告诉我们世界上没有任何一个事物或现象是孤立地存在的，它们总是以这样或那样的方式与其他的事物或现象发生着联系。在我们进行单个事物研究时，切记不要忽视周围与它有关事物的相互联系和作用，在进行部分研究时，不要忽视整体与部分的联系。联系是普遍的又是复杂多样的，要把握好各种不同联系的关系。同时，任何一种联系总是在一定条件下的联系，我们要承认条件、尊重条件、依据条件办事，一切以条件、地点和时间为转移。而且，尊重客观规律与发挥主观能动性是辩证统一的。规律是客观事物和现象之间内在的、本质的、必然的联系，它不以人的意志为转移，不能被创造，也不能被消灭。主观能动性是指意识主体所具有的能动的认识世界改造世界的功能。在认识、掌握规律后要发挥人的主观能动性利用规律为人类所用，实现二者的相互转化。把客观规律与人的主观能动性相结合，形成计划、方案、政策等，把它付诸实践，实现对客观世界的改造。因此，恩格斯在书评马克思的《政治经济学批判》第一分册时阐述了唯物辩证法的伟大意义。恩格斯指出，马克思把黑格尔逻辑学真正发现的内核剥离出来，使其脱离了唯心主义的外壳，并把辩证法作

为唯一正确的思想建立起来，马克思以这个方法为分析基础。^①

只有坚持辩证唯物主义和历史唯物主义，才能不断把对中国特色社会主义规律的认识提高到新的水平。坚持辩证唯物主义，要掌握事物矛盾运动的基本原理，不断强化问题意识，要坚持实践第一的观点。学习和运用历史唯物主义，就是要掌握社会基本矛盾分析法，把生产力和生产关系、经济基础和上层建筑的矛盾运动结合起来观察，要掌握物质生产是社会生活的基础的观点和坚持以人民为中心，推动我国社会生产力不断向前发展。掌握马克思主义思想方法和工作方法，纳入新时代坚持和发展中国特色社会主义建设中，也为新时代哲学社会科学研究如何运用辩证唯物主义和历史唯物主义的根本方法，指明了总要求和方向。^②

（二）问题导向分析方法

以问题为导向分析经济制度演化，要与时俱进并纳入社会基本矛盾和社会主要矛盾的更高层次之中。1842 年马克思写道，"世界史本身，除了通过提出新的问题来解答和处理老问题之外，没有别的方法。因此，每个历史时期的谜是容易找到的。这些谜反映了时代所提出的问题"。毛泽东曾指出："什么叫问题？问题就是事物的矛盾，哪里有没有解决的矛盾，哪里就有问题。"关于社会主义基本矛盾，毛泽东指出，社会主义社会的基本矛盾仍然是生产关系、生产力之间，上层

---

① 《马克思恩格斯选集》（第 2 卷）人民出版社，2012（2）：2-3，13.
② 中共中央宣传部：《习近平新时代中国特色社会主义思想学习纲要》，学习出版社，人民出版社，2019：241-242.

建筑、经济基础之间的矛盾"。① 关于社会主要矛盾，毛泽东从哲学角度指出，主要矛盾是指"在复杂的事物的发展过程中，有许多的矛盾存在，基中必有一种是主要的矛盾，由于它的存在和发展规定或影响着其他矛盾和存在和发展""任何过程如果有多数矛盾存在的话，其中必定有一种是主要，起领导作用的、决定的作用，其他则处于次要和服从的地位"。② 毛泽东对社会主要矛盾的判断是在坚持马克思主义基本原理的前提下，运用具体问题具体分析的辩证法方法，认识到不仅不同社会制度的主要矛盾不同，而且在同一社会制度下不同历史时期的主要矛盾也是不同的，甚至在同一历史时期不同社会领域，其主要矛盾也不相同，这一点从毛泽东对中国革命到社会主义建设不同时期社会主要矛盾的判断均可体现，而且从中国共产党领导革命、建设到改革的历史进程中，历来以社会主要矛盾的变化作为判断基本国情新变化和发展阶段新特征的重要依据。中国特色社会主义进行新时代，党的十九大对社会主义初级阶段主要矛盾做出新判断，新判断与过去的表述既有重大变化又保持了连续性，是马克思主义认识论与中国实际相结合的最新发展，同时也是对社会主义社会主要矛盾理论的最新发展。

哲学社会科学研究工作以马克思主义基本原理和方法为指导因而具有问题导向的特质。问题是时代的声音。坚持问题导向是马克思主义鲜明特点、是马克思主义方法论的优良传统和鲜明特征。习近平总书记指出，每个时代总有属于它自己的问题，只要科学地认识、准确

---

① 《毛泽东文集》(第7卷)，北京：人民出版社，1999：214.

② 毛泽东：《矛盾论》载《毛泽东选集》(第1卷)，北京：人民出版社，1991：320，322.

地把握、正确地解决这些问题，就能把我们的社会不断推进前进。全面深化改革是一项复杂的系统工程，要有强烈的问题意识，以重大问题为导向，抓住重大问题、关键问题进一步研究思考，对我国发展面临的一系列突出矛盾和问题，要找出答案和着力推动解决。这就要求在实践中坚持和完善具体经济管理制度也必须具有强烈的问题意识，从效率与公平出发以复杂性视角发现问题、提出问题、分析问题和解决问题。作为研究对象的经济矛盾是有国度的，如何界定、研究和解决，取决于研究的主体和主义并受主义制约。具体经济管理系统存在的矛盾反映整个社会经济系统的矛盾，是其各层次经济矛盾的具体存在和展开，也正因为如此，研究具体经济管理系统的矛盾必然要将其置于更高于其系统层次的各层次矛盾之中。只有从经济制度层次认知经济系统矛盾才能探讨解决问题的途径。对于中国特色政治经济学研究而言，制度层次的矛盾是核心问题。经济制度作为对所有权及其关系的规定，是基本经济矛盾和商品经济矛盾的具体存在。经济体制、经济结构、运行机制和具体经济管理制度等制度作为经济制度的具体展开，是劳动力和生产资料所派生的占有权、使用权、经营权、收益权、处置权以及管理权等存在和作用的体现。[①]

　　以问题为导向分析具体经济管理制度演化，在马克思主义经济学制度分析整体框架下，在具体微观层面贯彻、落实以人民为中心的发展思想，体现解放生产力和发展生产力的社会主义本质要求，其制度适应性效率的衡量不仅体现发展生产力的物质范畴，更要考量以劳动者为主体的公平等社会范畴。经济矛盾涉及劳动者利益、存在状况，

---

① 　刘永佶：《中国政治经济学方法论》北京：中国社会科学出版社，2015：106，162，132.

经济矛盾的解决则是通过制度演化发展或深化改革，促进劳动者提高劳动素质、技能和社会地位，为全面发展创造条件。劳动者的素质是一个集身体素质、技能素质和文化精神素质为一体的综合体。劳动者作为现实生活的真实的人，文化精神层面的价值观、意识形态、道德等因素对其他两方面的素质提升发挥重要的引领作用。具体到生产力和生产关系、经济基础和上层建筑的矛盾运动中，生产力决定生产关系，文化精神素质在分工协作和生产关系的各个环节中对生产力有着制约的反作用。

（三）系统演化分析方法

现代系统科学认为，任何事物都是以系统的方式存在并且在特定的条件下，都可以看成是一个系统。系统的功能不是诸要素功能的简单全部叠加，而是诸要素优化组合后大于部分功能之和的整体功能效应。系统分析方法强调注重整体性、动态性和开放性。系统分析是演化经济学的核心方法，强调依托系统内各要素间以及系统与环境之间的非线性相互作用，产生功能耦合的放大作用并产生复杂性和适应性。适应性是复杂系统演化的根本特点。产业协同创新及其制度演化作为涉及企业、大学、研究机构以及政府等多行为主体的复杂经济系统，更需要运用系统演化分析。

不同于生物系统演化，在人类社会演化的进程中由于制度是与人的行为模式相辅配的一套规范，人的观念和意识形态就参与制度演化，正如波普所言，"制度设计得再好，也不过是一座无人把守的城堡。制度就像城堡，设计得再好，如果没有懂得守护它的士兵，没有人去保卫它也没用"。因此，在制度的系统演化分析中，通常将制度视为博弈的规则，在把基于生物进化博弈而产生的演化博弈方法引入其中的同时，强调约束竞争和合作等经济行为的制度与人主观能动性及认知等因素相连，并向均衡状态调整与演化。在此方面，做出突出贡献并在制度经济学界具有深远影响的青木昌彦认为，制度是存在于当事人的意识之中并以其有限理性为前提的博弈规则。在制度变迁的演化博弈中存在着某种内在机制，既在制度确定的反复博弈过程中，当事人基于共有信念决定其策略的选择，从而导致均衡状态及其对选择的强化，通过反复的强化过程，制度内生并得以稳定下来并体现在当事人的意识中。但是，在制度分析中即使倡导某种机制，也必须有一个中间介入者去设计或者说拥有设计能力，正如青木昌彦所指出的，"如果要在个体的不同选择中将某种模式作为共有信念，则必须存在个体外部的认识范畴作为干预的资源"。这是涉及考虑社会关系分析制度演化的认知过程。区别于新古典经济学认为认知活动只存在于个人大脑中的看法，"认知是指将身体或各种工具当作资源加以运用"，"拥有认知资源的人与实现认知的工具资源之间存在着类似马克思提出的生产力和生产关系命题"。[①]

（四）多学科融合的研究方法

基于马克思主义经济学制度分析视角，探究产业协同创新的制度演化研究，一方面，涉及多个学科领域，除了马克思主义经济学制度分析理论与方法，在研究过程中涉及新制度经济学、复杂系统理论、协同学等自组织理论、产业经济学、演化经济学、科技哲学、统计学

---

① 青木昌彦：《制度经济学入门》，北京：中信出版集团，2017：76，80，83.

和计量经济学等多门学科理论与方法；另一方面，还涉及马克思主义经济学和其他学科理论的关系问题，以及如何在马克经济学视角下辩证地借鉴、对接和融合相关理论与方法的问题。需要指出的是，在借鉴系统科学等自然科学先进成果上，哲学所发挥的作用与意义至关重要。爱因斯坦曾指出，"如果把哲学理解为在最普遍和最广泛的形式上对知识的追求，那么，显然，哲学就可以被认为是全部科学研究之母。"量子力学的开拓者普朗克则指出，"研究人员的世界观将永远决定着他的研究方向。"① 自然科学如此，经济学等社会科学更为如此。哲学社会科学研究中不同学科有自己的知识体系和研究方法，对一切有益的知识体系和研究方法要借鉴和扬弃，但是在这一过程中不能失去了科学判断力，不能忘记以马克思主义为根本指导。

（五）制度分析方法

制度分析方法应用于经济学研究领域，就是区别于现代西方主流经济学通常将制度因素排除在外的研究范式，将制度作为影响经济效率的一个重要因素，反映经济制度与生产力发展之间的内在联系以及在这一过程中如何进行制度安排选择与决策。经济问题本质上是人与人之间的经济利益关系，制度分析的根本任务就是要建立规范的制度并提供一系列规则来处理好这些关系，规范处于制度体系中的各经济主体的行为，目的是通过制度效率的实现来使各个经济主体具有充分的动力。在制度分析中论证与选择高效的制度安排，实际上涉及制度收益和制度成本两方面的衡量，前者的表现为一种新的制度由于能够

---

① 李醒民：《激动人心的年代》，成都：四川人民出版社，1984：299，298.

更好地规范人们的经济关系而提高了经济效率，后者为制度变迁所产生的协调等制度成本。制度分析方法强调并且具有从经济、政治、文化、社会、历史、比较等多视角和跨学科研究的方法论优势。此外，制度分析最重要的是明确制度变量是自变量还是因变量，在此基础上分析、确定制度与经济现象中其他变量的关系，为制度结构或制度体系的确立奠定理论基础。在制度对经济绩效影响的分析中，制度是自变量；在制度确立或变迁的分析中，制度是因变量。产业协同创新制度分析综合两方面因素同时重点在后者，制度因变量主要体现于制度分析视角与架构；制度自变量主要体现于制度适应性分析和实证研究。

本书基于马克思主义经济学制度分析视角，坚持以马克思主义经济学的辩证唯物主义和历史唯物主义为根本方法，在马克思主义经济学制度分析整体框架下，辩证地吸收和借鉴多学科理论与方法，探究产业协同创新制度演化的视角、范畴与架构，体现马克思主义经济学方法论与时俱进的科学品质和强大的生命力。

三、研究内容与结构安排

本书研究内容与结构分为七个部分：

第一部分，导论。主要阐述研究的时代背景、研究方法和主要创新之处。党的十八大以来，从产学研协同创新、产学研深度融合到产学研一体化的快速发展，代表了产业协同创新的重要演进趋势。在实施创新驱动发展战略和供给侧结构性改革背景下，以改革推动产业协同创新，最大限度地整合创新要素以提高企业自主创新能力，最重要的是以其制度结构改革与优化为主要内容的制度演化研究，需要以马克思主义经济学的立场、观点和方法进行制度分析。坚持以马克思主义为指导，是当代中国哲学社会科学区别于其他哲学社会科学的根本标志，必须旗帜鲜明加以坚持。在此背景下，以辩证唯物主义和历史唯物主义的根本方法论为指导，运用马克思主义经济学制度分析方法，同时融合新制度经济学方法、系统演化分析方法等学科研究方法，成为本研究创新方面的重要体现。

第二部分，产业协同创新制度演化研究历程回顾。回顾产业协同创新制度演化研究的发展历程，历经以产学研联合、产学研结合为重点的制度研究阶段和党的十八大以来以产学研协同创新、产学研深度融合为重点的制度研究阶段。已有研究为供给侧结构性改革背景下产业协同创新制度演化研究奠定了重要基础，但在运用马克思主义经济学制度分析、同步于经济制度演化研究和衡量制度演化适应性效率的研究方面，尚存在不足之处并具有很大的发展空间。在总结与分析的基础上提出新时代产业协同创新制度演化研究建议，对于增强马克思主义经济学理论指导和解决中国经济现实问题的理论自信、在产业协同创新制度演化中落实新发展理念以及提高产业自主创新能力，具有重要现实意义。

第三部分，产业协同创新制度分析的理论架构。这是本研究的理论逻辑起点。坚持马克思主义经济学基本原理和方法论，以马克思主义经济学的立场、观点和方法为指导，在生产力和生产关系、经济基础和上层建筑的辩证关系中，运用马克思主义经济学制度分析理论，辩证地借鉴新制度经济学理论与方法，跨学科融合复杂系统理论、演化经济学理论。把握马克思社会分工理论及其当代价值，根据产业协同创新分工与协作的特点，以新发展理念为指导，在技术创新和制度创新的协同作用下，充分发挥协同创新的适应性效率。

第四部分，产业协同创新制度分析视角。在马克思主义经济学制度分析视角下，从总体上运用辩证唯物主义和历史唯物主义世界观和方法论，在生产力和生产关系、经济基础和上层建筑的矛盾运动中，从系统观点出发，突出联系的系统性、整体性和协同性。产业协同创新制度分析要体现公平视角，促进效率和公平的统一和复杂性视角。在产业协同创新的生产关系制度层面，系统制度结构和制度环境应能体现或提升联盟主体分配公平、程序公平、互动公平。产业协同创新系统复杂性，一方面体现为联盟系统要素间及系统与环境间的非线性作用，另一方面体现于联盟系统规模复杂性、系统层次结构复杂性和开放复杂性程度等方面。复杂作用关系可产生系统效率和公平方面问题。

第五部分，产业协同创新制度分析范畴与制度结构。制度分析最重要的是明确制度变量是自变量还是因变量，在此基础上分析、确定制度与经济现象中其他变量的关系，为制度结构或制度体系的确立奠定理论基础。在制度对经济绩效影响的分析中，制度是自变量；在制度确立或变迁的分析中，制度是因变量。产业协同创新制度分析综合两方面因素同时重点在后者，制度因变量主要体现于制度分析视角与架构；制度自变量主要体现于制度适应性分析和实证研究。马克思主义制度分析范包括由生产关系总和构成的经济基础以及政治、法律和意识形态等上层建筑。在坚持以公有制为主体、多种所有制经济共同发展，按劳分配为主体、多种分配方式并存，社会主义市场经济体制等社会主义基本经济制度的前提下，产业协同创新制度分析范畴包括合资和相互持股制度结构、契约式非股权制度结构、政府规章制度等系统制度环境、以及公平、信任、承诺等。

第六部分，产业协同创新制度分析逻辑架构——以产业技术创新联盟为例。在剖析与界定企业战略联盟内涵的基础上，在马克思主义经济学视阈下分析技术与制度的辩证关系，阐述产业技术创新联盟分工与协作的制度适应性要求。联盟分工与协作在生产方式层面促进技术创新，需要联盟制度系统在生产关系层面适应联盟分工和制度公平要求，在这一过程中，联盟制度、联盟分工与技术创新之间存在动态协同机制。

第七部分，产业协同创新适应性制度演化的推进路径。在马克思主义经济学视阈下，探究制造业协同创新适应性制度演化机制，构建制造业协同创新制度适应性效率的认知机制，基于产业协同创新制度系统的复杂性问题建立制度优化路径、以制造业为重点加强产业协同创新制度演化研究，在全面深化改革的制度环境中，推进基本经济制度优势更好地转化为国家治理效能。

四、主要创新之处

1. 产业协同创新已有关于制度的研究，主要从新制度经济学的理论视角并基于交易成本来衡量。本书研究将尝试在马克思主义经济学视阈下，从马克思主义经济学制度分析视角、制度分析的公平视角和以制度分析的复杂性视角，研究产业协同创新制度结构构建与制度环境建设的依据。从制度自变量角度，课题区别于以往主要运用交易成本理论衡量制度效率的研究，以节约交易成本、降低问题解决成本、增强公平感构成制度分析目标系统要素。在生产方式的分工层面，以效益与公平为基点透视产业协同创新系统复杂性问题，提出要基于系统复杂性问题程度构建产业协同创新制度模式。

2. 本书研究在马克思主义制度分析整体框架下，融合协同学等自组织理论、交易成本理论、演化经济学、系统科学理论和现代组织公平理论等理论，辩证地吸收、借鉴新制度经济学制度分析方法和复杂性分析方法，分析产业协同创新系统自组织复杂性问题，探究产业协同创新制度演化。

3. 以产业技术创新联盟作为产业协同创新重要的组织模式，在马克思主义经济学视阈下，基于生产力 – 生产方式 – 生产关系、技术创新 – 联盟分工 – 制度创新的辩证关系，探究其制度演化的逻辑架构。以技术创新、联盟分工和制度公平对产业协同创新制度系统的适应性要求，透视联盟制度系统存在的复杂性问题，从构建联盟制度系统复杂性问题程度的认知机制，联盟制度系统对其复杂性问题程度的适应性角度，在全面深化改革的制度环境中，推进基本经济制度优势更好地转化为国家治效能等角度，提出产业协同创新适应性制度演化的推进路径。

第一章　改革开放以来产业协同创新制度演化研究的发展历程

　　产业协同创新以产业发展为目标，以企业为主体和用户需求为导向，包括产业内组织间协同创新、产业间组织协同创新和产学研协同创新，其本质是通过创新主体间资源与能力优势互补、风险共担和利益共享，在资金、人才、信息、知识等创新要素动态整合的过程中，提高企业自主创新能力，获取单体要素不具有的整体协同效应。改革开放以来，产业协同创新制度演化研究始终存在鲜明的特征，即在国家对协同创新的推动下，伴随着产业协同创新和经济制度演化的研究进展而不断发展，尤其是 2012 年党的十八大召开后，中国经济发展进入新常态，落实创新驱动发展战略并对全面深化改革做出战略部署，产业协同创新的制度演化研究及其制度环境建设跨越到一个新的发展阶段。

　　产业协同创新制度演化研究起于改革开放并以 2012 年党的十八大为标志呈现为前后两个阶段，并依托于三方面主线：一是在国家意志从上层建筑作用于经济基础并在改革开放、全面深化改革的进程中，对产业协同创新制度演化研究的不断推动。在现代市场经济中，国家作为制度变迁外部力量和内在组成部分，往往直接参与和构建生产关系。二是经济制度演化研究的不断拓展。20 世纪 90 年代以来，学术界融合新制度经济学、演化经济学和复杂系统科学等多学科理论探究经济制度的演化发展，为包括产业协同创新在内的制度经济应用领域提供了有力的理论支撑。三是产业协同创新相关制度的研究进展，源于目前产业协同创新制度演化研究主要蕴含于产业协同创新的组织模式、机制及制度保障等方面的研究中。

中国产业协同创新的制度演化研究从起步、发展到深化，总体上是在不断适应产业协同创新演化中进行的。从产学研合作、产学研协同创新到产学研深度融合、产学研一体化发展，代表了产业协同创新的重要演进趋势。对此，在 2018 年 8 月召开的第六届中国产学研合作创新论坛上，中国产学研合作促进会副会长、武汉大学原党委书记李健总结改革开放以来我国产学研合作的历史进程，在其之前的研究基础上，[①] 进一步补充指出，中国产学研合作大体上可划分 20 世纪 80 年代开始的产学研联合阶段、90 年代开始的产学研结合阶段以及 2012 年党的十八大以来的产学研融合阶段共三个阶段。其中，第三个阶段的新特点是大力推动产学研协同创新和产学研深度融合，主要依据 2013 年党的十八届三中全会在《中共中央关于全面深化改革若干重大问题的决定》中提出要建立产学研协同创新机制，这是产学研协同创新第一次写进党中央工作文件。2017 年党的十九大又进一步明确提出要建立以企业为主体、市场为导向、产学研深度融合的技术创新体系。此前，李健以 1995 年和 2006 年两次全国科学技术大会为界，将我国产学研合作划分为"产学研联合""产学研结合"和"产学研用结合"三个阶段，即产学研联合（20 世纪 80 年代—1995 年）、产

---

① 李健：《产学研协同创新是产学研合作的新发展》，《中国科技产业》2014（1）.

学研结合（1995 年—2006 年）和产学研用结合（2006 年—至今）。

中国特色社会主义进入新时代，在产业协同创新方面，2013 年党的十八届三中全会提出要建立产学研协同创新机制，产学研协同创新第一次写进党的文件。2017 年党的十九大又进一步明确提出要建立以企业为主体、市场为导向、产学研深度融合的技术创新体系。因此，本文根据并在上述研究基础上，以进入新时代为产业协同创新演化的重要阶段性划分标识，将产业协同创新制度演化研究的发展历程归纳为：改革开放后以产学研结合、产学研联合为特征的产学研协同创新制度研究阶段和党的十八大以来产学研深度融合、产学研一体化为演化趋势制度研究阶段。

一、以产学研联合、产学研结合为特征的产业协同创新制度研究阶段

从改革开放到 2012 年党的十八大召开，在国家意志的推动下，产业协同创新重点以产学研联合、产学研结合等产学研合作为发展方向，产业协同创新制度演化研究进入起步与发展阶段。这一阶段产业协同创新制度演化研究具有明显特征，即主要运用新制度经济学理论和基于西方经济学视角将制度视为产业协同创新过程中个体理性行为的一个影响变量。由于制度经济学领域制度范畴的非确定性，产业协同创新制度研究范畴主要涉及产业协同创新的组织模式、机制和制度保障方面，前者涉及制度演化的主体，后两者涉及制度演化的动力。

（一）国家意志对产业协同创新制度演化研究的推动

改革开放以来，党中央、国务院从改革与上层建筑层面不断推动产业协同创新及其制度环境的演化发展。社会主义社会的基本矛盾是生产关系和生产力、上层建筑和经济基础之间的矛盾。改革就是在坚持社会主义制度的同时，改变束缚生产力发展的经济体制和具体运行机制以促进生产力发展。1985 年，为大力加强企业的技术吸收与开发能力和技术成果转化为生产力的中间环节，产学研联合的内容被写入中共中央发布《关于科学技术体制改革的决定》。1992 年原国家经贸委、教育部和中科院在部委层面首次联合组织实施了"产学研联合开发工程"。在 1992 年 10 月党的十四大召开后，1993 年通过的《中华人民共和国科技进步法》明确将国家鼓励科学技术研究开发与高等教育、产业发展相结合纳入法律保障体系。1997 年党的十五大提出，有条件的科研机构和大专院校要以不同形式同企业合作，走产学研结合的道路。进入 21 世纪，中国《国家中长期科学和技术发展规划纲要（2006—2020 年）》颁布，把建设以企业为主体、产学研结合的技术创新体系作为全面推进国家创新体系建设的突破口。2007 年党的十七大明确提出，要加快建设以企业为主体、市场为导向、产学研相结合的技术创新体系。

在改革开放的背景下和国家意志的推动下，产业协同创新制度演化研究集中于产学研联合、产学研结合等产学研合作的组织模式、机制和制度保障方面。以检索中国知网（CNKI）数据库和国家社会科学基金项目数据库为例，从 1978 到 2012 年，分别以篇名"产学研联合""产学研结合"和"产学研合作"＋"机制""模式"和"制度"

为篇名检索，期刊论文从无到有分别为"机制"类总计 310 篇、"模式"类 983 篇和"制度"类 35 篇，与此相对应，硕博论文分别有"机制"类 44 篇、"模式"类 74 篇和"制度"类 4 篇，如刘福满的硕论《产学研有效合作的制度经济学分析》（2006），以及李恒的博论《产学研结合创新的法律制度研究》（2010）等。同一时期，有 9 项题名包括产学研合作、产业协同创新在内的国家社科基金课题获得立项，如洪银兴的《基于自主创新能力增进的产学研合作创新研究》（2010）。

（二）经济制度演化研究的起步与发展

经济制度演化研究在发展过程中总体上存在三个方面特征：一是运用制度演化的历史分析、博弈分析和复杂系统分析等分析方法。二是主要体现新制度经济学和马克思主义经济学两类制度分析范式，通常被很多学者分别归于个体主义和整体主义分析方法。三是其研究内容涉及制度演化的主体、动力、方式与效率评价等方面。这三方面特征突出体现于经济制度演化观从自发演化向有意识演化的转变过程和对马克思主义经济学制度分析方法的阐释。

从 20 世纪 80 年代开始，早期的经济制度演化观点受达尔文生物进化论影响，主要表现为制度演化动力来自自然选择或自发演化。其中，安德鲁·肖特（Andrew Schotter，1981）较早运用演化博弈论方法分析制度变迁中从习惯 - 习俗 - 惯例 - 制度的演化博弈过程，以阐述制度演化的自发社会机制。纳尔逊和温特（Nelsow and Winter，1982）指出经济过程的惯例本身源于自发演化过和，并通过对行为的约束来影响演化方向。20 世纪 90 年代，新制度经济学派试图借鉴、结合新古典经济学的均衡分析方法分析制度的变迁的动因，并在诺斯这里大致形成一个基于产权和交易费用的制度分析一般框架。由于这一时期的新制度经济学总体上是偏向制度静态分析，而非制度动态演化的，因此诺思开始转向人类认知、学习和意识形态研究，并认为建立在对现实的主观感知基础之上的意识形态是决定人类选择的重要因素，制度研究必须要引入人们的认知模型才能解释制度起源及其演化过程。进入 21 世纪，经济制度演化研究更加强调与重视人类心智与认知在制度演化中的参与作用。霍奇逊（2005）强调制度演化分析必须从认知科学领域挖掘对制度的理解。斯科特（2010）认为可通过认知机制促进制度建立的各种过程，以揭示制度结构与行动相互作用的过程中存在的能动性根源。一些运用演化博弈分析的制度经济学者，如格莱夫和赖汀（2004）在博弈论框架内引入参与人的信息与偏好、心智与认知注意力参数以研究内生制度变迁机制。昂尼德·赫维茨提出，若要改变制度必须有介入者，在此基础上，青木昌彦提出制度的变化需要演化博弈等机制，但人的认知机制也参与其中。在国内经济学界，汪丁丁（2005）认为制度分析一大特征就是人的观念和意识形态参与制度演化。顾自安（2011）提出在制度演化分析范式上要实现两个转换：从新古典的结果均衡向过程演化转换、从制度的"无意识演化"向"有意识演化"转换，制度演化的动力在于人类理性参与。朱富强（2012）认为制度研究要从人类的未来发展与理想来探寻其演化动力，这一过程渗入了人类对正义的认知。

在阐释马克思主义经济学制度分析方法方面，改革开放以来，我国马克思主义经济学学者在此前研究的基础上，不断对马克思主义经济学与西方经济学、新制度经济学等理论在方法论、分工理论、产权理论和制度变迁理论等一些重大领域进行比较研究，在借鉴西方经济学等理论科学成分的同时，坚持和发展马克思主义经济学，产生了重要研究成果，进一步增强了对马克思主义经济学制度分析阐释的研究力度。其中，代表性研究成果如林岗和刘元春合作发表的论文《诺斯与马克思：关于制度的起源和本质的两种解释的比较》（2000）、顾钰民著的《马克思主义制度经济学：理论体系·比较研究·应用分析》（2005）、吴易风主编的《马克思主义经济学与西方经济学比较研究》（2009）、程恩富主编的《马克思主义经济学与应用经济学创新》（2009）、何爱平，宋宇等著的《马克思主义经济学与西方经济学的比较研究》（2011）等。

（三）产业协同创新制度演化研究的起步与发展

产业协同创新制度演化研究遇到的首要问题就是关于其制度范畴的界定。一方面，在制度经济学领域，对于制度范畴目前学界并没有明确的界定，特别是对制度与组织是否存在区别存在不同观点。例如老制度经济学派代表人物霍奇逊在界定制度的内涵时，除了惯例、道德准则和正式法律外，将企业、大学以及国家机构等有形组织亦纳入其中。而新制度经济学派代表人物诺斯将制度区分于组织，认为制度是博弈规则，组织是参与博弈的主体，制度的存在形式包括正式制度（宪法、政治制度、产权等）、非正式制度（文化、道德和意识形态等）及其实施机制。在马克思主义经济学中，其创始人虽未给予制度范畴以明确的定义，但在马克思的制度理念中，制度是一定生产力水平下约束人们经济行为的基本规则（顾钰民，2005），它广泛地包含了生产关系层面的经济制度和上层建筑层面的与经济制度相适应的意识形态以及政治、法律等制度体系（李省龙，2003）。另一方面，在协同创新研究领域，对协同创新的制度或组织定位亦存在不同观点。美国学者弗里曼（Freeman）继 1987 年首次提出的"国家创新系统"理论体系后，于 1991 年指出协同创新作为系统性创新的一种基本制度安排，其主要联结方式是企业间的创新合作关系。继其后，美国哈佛大学的 Chesbrough（2003）教授在其提出"开放式创新"概念中，强调利用组织内外互补的创新资源，在创新链的各个阶段建立与多种合作伙伴进行多角度动态合作的创新模式。而美国麻省理工学院斯隆中心研究员彼得·葛洛（2006）在其给出的协同创新定义中则指出，协同创新是由自我激励、相互联系的多领域人员所组成的网络小组，小组成员借助网络交流信息及工作状况来实现共同的集体目标。

其次，由于产业协同创新制度范畴的非确定性，其制度研究归纳起来主要集中于产业协同创新的组织模式、机制和制度保障方面，前者涉及制度演化的主体，后两者涉及制度演化的动力。这一时期产业协同创新制度演化研究具有明显特征，即主要运用新制度经济学理论、基于西方主流经济学视角将制度视为产业协同创新过程中个体理性行为的一个影响变量。

在产业协同创新的组织模式研究方面，继张钢、陈劲和许庆瑞等学者较早将制度创新细化为企业组织和文化创新，并探究企业、部门和项目三个层次的技术与制度协同创新模式后。进入 21 世纪，由于产业集群、产学研联盟以及技术创新战略联盟等组织研究呈发展态势，产业协同创新的组织模式从而存在技术创新联盟模式、产学研协同创新模式、政府参与的政产学研创新联盟、政府与用户参与的政产学研用协同创新模式、虚拟型产学研协同创新以及协同创新中心与平台等多方面定位。其中，产学研联盟是国家创新系统中独特的混合型跨组织关系。而在产业协同创新机制研究方面，较多的研究成果体现为协同机制、治理或运行机制研究，具体涉及创新网络连接机制以及知识转移与保护、激励保障、风险控制、利益或产权、创新过程、文化、关系、结构或契约等协同机制的影响要素与构建研究，研究方法主要从个体理性选择或博弈视角出发，并结合组织理论中协同学哈肯模型、生物学逻辑斯蒂演化方程、演化博弈模型以及社会学的社会网络分析等。在产业协同创新的制度保障研究方面，主要探究协同创新的外部制度环境和内部制度安排的建设与构建及其对协同创新绩效的影响，具体涉及相关知识产权制度、法律制度、财政税收制度、内部资源分配制度和评价奖励制度等。

二、以产学研协同创新、产学研融合为重点的产业协同创新制度演化研究阶段

党的十八大以来，在经济发展新常态和全面深化改革的背景下，以新发展理念为指引，产业协同创新的制度环境建设及其演化研究进一步深化与发展。其中，以供给侧产业升级和提高企业自主创新能力为主线、深挖供给侧产业协同创新的机制和模式等相关制度研究，成为这一阶段学界研究的热点。产业协同创新制度演化研究显示三个方面阶段性特征：一是不断深化产业协同创新的组织模式和机制研究，加强运用演化博弈等数量模型对其机制与模式进行量化与实证分析，研究领域倾向于制造业等供给侧产学研协同创新。二是区别于机制和模式的专题研究，更多的学者以制度为专题，对产业协同创新的中外制度比较和制度供给等方面进行研究。三是产学研深度融合的制度研

究尚处于起步阶段并且研究成果较少，现有研究主要体现在产学研深度融合的大学教育教学及人才培养机制方面。

（一）党的十八大以来，国家意志对产业协同创新制度演化研究的推动

党的十八大以来，推进协同创新，全面深化改革作为重要的战略抓手，是解决中国现实问题的根本途径。2013年党的十八届三中全会提出，发挥经济体制改革牵引作用就是要推动生产关系同生产力、上层建筑同经济基础相适应。经济发展新常态下，针对我国发展中的突出矛盾和问题，2015年10月，党的十八届五中全会提出新发展理念，为当今中国发展提供了理论与行动指南。2016年，国家"十三五"规划纲要（2016-2020）明确要求，要以供给侧结构性改革为主线，加快形成引领经济发展新常态的体制机制和发展方式。同年，中共中央、国务院发布《国家创新驱动发展战略纲要》提出要建设有利于创新驱动发展制度安排和环境保障。2017年10月党的十九大指出，加快建设创新型国家，加强国家创新体系建设，建立以企业为主体、市场为导向、产学研深度融合的技术创新体系。党的十九大明确提出要构建系统完备、科学规范、运行有效的制度体系。2018年中央经济工作会议提出要增强制造业技术创新能力以及要健全需求为导向、企业为主体的产学研一体化创新机制。

从党的十八届三中全会《决定》首次在党中央文件中写入要建立产学研协同创新机制、党的十九大提出要建立产学研深度融合的技术创新体系、2018年中央经济工作会议提出要健全需求为导向、企业为主体的产学研一体化创新机制，体现了以不断深化产学研协同创新

的制度创新来推动制造业发展的国家意志和改革思维，为中国制造业协同创新制度演化研究提供了明确的方向。以中国知网（CNKI）和国家社科基金项目数据库为例，分别以篇名"产业或产学研协同创新"＋"机制""模式"和"制度"检索，发表时间起止点为 2013 年至 2018 年 10 月，期刊论文分别达到 197 篇、163 篇和 14 篇，总计 374 篇；硕博论文分别为 25 篇、16 篇和 1 篇，总计 32 篇。其期刊和硕博论文总量相比于五年前平均增长十倍。分别以篇名"产学研融合"＋"机制""模式"和"制度"检索，期刊论文分别为 10 篇、25 篇和 0 篇。以"协同创新"为题名查询国家社科基金项目数据库，共立项近 60 项，其中近 70% 的题名涉及协同创新的机制或模式研究。

（二）经济制度演化研究的深化阶段

在此前研究基础上，进入深化阶段的经济制度演化研究在探究具体经济管理制度适应性效率和运用马克思主义经济学制度分析方面呈现出鲜明的时代特征。

在探究具体经济管理制度的适应性效率分析方面，由于适应性效率在新制度经济学中作为其制度效率衡量的关注点，通常指向社会收益和减少交易成本两个基本特征，缺少明确的国情针对性，而中国作为发展中国家在吸收与借鉴的过程中需要对其进行发展。对此，黄少安（2014）认为只有符合演化趋势的制度建构才更具有适应性，制度变迁的内动力是特定制度对应的生产关系与生产力的矛盾，外动力是制度主体的直接动机和意图。罗小芳和卢现祥（2016）提出判断制度是否演化可根据制度适应性效率并从三个维度去把握：从微观个体决策层面、宏观经济长期增长层面、以制度性激励体系为主的制度结构应对经济条件变化的反应能力。而发挥制度对劳动者较强的激励作用，还要注重制度所带来的整体社会效率和公平与正义。如果以制度结构为基础衡量其制度效率，关键在于其能否适应分工与协作和新发展理念等主导意识形态的要求。

在马克思主义经济学制度分析研究方面，更加注重马克思主义中国化、时代化的应用研究。党的十八大以来，习近平总书记多次对发展政治经济学做出重要论述，提出要立足我国国情和我国发展实践、发展当代中国马克思主义政治经济学、不断开拓当代中国马克思主义政治经济学新境界。经济制度演化研究的思路更为明确，要坚持辩证唯物主义和历史唯物主义，基于马克思主义经济学原理、立场、观点和方法，进一步探究马克思主义经济学制度分析与时俱进的方法论特性，突出体现方法论与马克思主义经济学理论体系，尤其是当代中国马克思主义政治经济学的最新成果相统一的原则，并以中国现实经济问题为导向进行制度分析。

第一，对于经济制度演化分析的方向，最重要的是要体现以人民为中心的发展思想，并要坚持这个经济发展的价值取向。刘永佶在其所著的《中国政治经济学方法论》（2015）中明确国度性是政治经济的基本属性，方法论属于理论体系也具有国度性。马克思主义经济学方法论内生于马克思主义经济学，反映马克思主义根本立场和价值观。坚持以人民为中心的发展思想，是马克思主义政治经济学的根本立场。

第二，前期关于基本经济制度显著优势与治理效能方面的研究，相对于较多的中国特色社会主义制度优势研究文献，前期研究成果较少并主要蕴含于中国特色社会主义制度优势研究中。1997 年党的十五大把"公有制为主体、多种所有制共同发展"确立为我国社会主义初级阶段的基本经济制度，此后学界基于经济制度内涵的这一界定，对我国社会主义初级阶段的基本经济制度优势展开相关研究。其研究主要体现为三个方面，一是研究基于马克思主义政治经济学，在生产力和生产关系的辩证统一中，阐释基本经济制度的根本优势来自符合生产关系一定要适应生产力性质和水平的客观规律，巩固基本经济制度优势要以马克思主义为指导。二是结合实证，在与苏联等传统社会主义经济制度和资本主义经济制度比较中，阐释我国社会主义基本经济制度相对优势。三是基于 2011 年胡锦涛同志深刻阐述中国特色社会主义制度优越性的"五个有利于"，对制度优越性进行了更为深入的理论研究。如包心鉴（2011）将以经济民主为主要标志的社会主义市场经济制度，归纳为中国特色社会主义基本制度五大优越性之一。

2013 年 11 月党的十八届三中全会召开后，贯彻"完善和发展中国特色社会主义制度，推进国家治理体系和治理能力现代化"这一全面深化改革的总目标，中国特色社会主义制度优势研究进入一个新的发展阶段。其研究具体体现为三个方面，一是贯彻习近平总书记 2016 年在庆祝中国共产党成立 95 周年大会上的讲话精神，紧密围绕"中国特色社会主义制度是当代中国发展进步的根本制度保障，是具有鲜明中国特色、明显制度优势、强大自我完善能力的先进制度"的讲话内容，阐释中国特色社会主义制度的先进性，而基本经济制度是中国特色社会主义制度的重要组成部分。二是基于 2017 年党的十九大报告明确指出"中国特色社会主义制度的最大优势是中国共产党领导"，学者们从横向国际比较和纵向中国发展现实与历史的角度进行阐释，从党自身的先进性、组织性、思想建设和政治建设等方面并且在中国人民从站起来、富起来到强起来的发展历程中，阐释党的领导是制度优势的关键与根本保证。三是对于制度优势转化为治理效能研究。主要以探究推进国家治理体系和治理能力现代化的路径举措为研究思路。四是从 2019 年 11 月党的十九届四中全会《决定》公布后，学界对此做出快速反应，包括中国政治经济学智库、国家党媒等媒体报刊先后发表相关文章，阐释基本经济制度的内涵和在所有制、分配制度和市场经济体制方面的具体显著优势及其更好地转化为国家治理效能的途径等。

第三，立足中国国情，我国学者在微观与宏观辩证统一关系中发展与应用马克思主义经济学制度分析，并体现了以分工与协作为制度分析的实践环节。例如，周绍东（2016）提出，当前可根据"互联网＋"农民合作社和"公司＋农户"等新型农业生产方式的特点，设计土地使用权流转机制，以促进农业专业化分工与协作，发挥生产关系革新对生产方式和生产力的反作用。此外，马克思主义经济学在制度研究中发展了从本质到现象的基本路线，通过历史与逻辑统一的分析方法，将规范分析和实证分析有机地结合起来。马克思主义经济学并非没有实证分析，而是缺少当代西方主流经济学中的统计与计量分析。因此，彰显马克思主义经济学制度分析的方法论优势并增强其当代解释力，可以在定性与规范分析的基础上，借鉴现代西方经济学的数学建模和数理统计分析等数量分析方法，进一步发展马克思主义经济学定量与实证分析（洪永淼，2017）。

（三）产业协同创新制度演化研究的深化与发展

现阶段的产业协同创新制度演化研究首先在进一步明确协同创新内涵的基础上展开研究。诸多研究者参考或引用陈劲和阳银娟在《协同创新的理论基础与内涵》（2012）一文中对协同创新的界定，两位学者从创新的复杂组织方式角度，认为协同创新的重点是要形成以企业、大学和研究机构为核心要素的多元主体协同互动的网络创新模式，其中包括创新平台、政府、中介组织、金融机构和非营利性组织等辅助要素。其次，在产业协同创新机制研究方面，有研究者通过对比京津冀地区制造业产业链主要环节的优劣势并选择相关衡量指标，探究协同创新的利益共享和风险共担等动力机制。有研究者运用复合系统协同度模型，参考多数学者认可的制造业协同创新的系统动力机制、资源供给机制、合作信任机制和激励保障机制等主要运行机制，对我国装备制造业协同创新机制的协同度进行实证分析与评价。而对于产学研自主创新与协同创新间的结合机制，基于社会网络理论并结合空间计量模型进行分析，可得出建立跨区域产学研知识协同平台可明显提高产业组织自主创新能力的结论。在产业协同创新组织模式研究方面，由于新常态下中国制造业等产业要实现高端化，必须要大力推动与整合内外部创新资源，因此现阶段的产业协同创新更加突显政府参与的政产学研用组织模式。对此，杨子刚（2018）通过构建政府介入情景下的产业协同创新博弈模型与数值模拟研究，证明政产学研合作模式有利于提高协同创新的利益分配系数、合作的积极性与主动性以及研发能力。但在该模式下，最重要的一个问题是要构建处理好市场与政府关系的制度体系，让市场在政产学研用合作中起决定性作用和更好地发挥政府作用。

此外，在产业协同创新的中外制度比较研究方面，研究者们通过对美欧、日本等发达国家以及印度产学研协同创新制度进行研究，提出我国产业协同创新制度建设的建议。如有研究者建议合理借鉴美国的政府资助项目下协同创新知识产权归属制度和高校技术转移办公室制度，要以产业需求和地方经济发展为导向，与时俱进地进行立法制度环境建设。有研究者建议借鉴强调大学内外全范围协同的日本大学共同利用组织制度进行制度建设。有研究者通过比较中印两国的科技创新战略，分析印度产学研合作中的重视女性科研人员、设置专门学术休假制度等细节措施，建议中国产学研协同创新要加强人才培养机制建设和提高女性科研人员地位等制度建设。

在产业协同创新的制度供给研究方面，首先，大学要建立学科交叉融合平台、协同创新指导委员会等正式制度以及改革教师评价制度和培育创新文化等非正式制度。同时，为产学研深度融合提供制度保障，大学要建立培养产学研深度融合的研究型和应用型人才模式，如建立课程资源模块、实习实训模块和就业创业模块三位一体的教育教学模式并将其制度化。其次，政府为本地区的产学研协同创新提供相应的制度环境，可以保证协同创新主体知识转移的效率。对此，夏丽娟和谢富纪等研究者（2017）结合产学联合申请并授权的发明专利数，运用回归分析方法予以实证检验。

三、改革开放以来产业协同创新制度演化研究总结与分析

第一，产业协同创新制度演化研究以新制度经济学制度分析视角的研究成果居多，缺少运用马克思主义经济学制度分析的专项研究。产业协同创新制度演化作为经济制度演化研究范畴，主要体现新制度经济学和马克思主义经济学两类经济学制度分析范式，通常被很多学者分别归于个体主义和整体主义分析方法。新制度经济学制度分析对

制度的建构与演化分析主要从个体理性选择出发、是个人追求利益最大化的结果。以凡勃伦、康芒斯和米契尔为代表的老制度经济学派采用整体主义分析方法分析制度演化，强调个人行为是社会制度环境的产物并受制于习惯、礼俗、法律等制度。单纯从个体与制度彼此间的决定关系而言，新老制度经济学的制度分析方法都具有一定的局限性，或者高估了个人的力量，或者错误地认为社会存在有能动力。即使两个学派在发展过程中可能未必严格遵循其方法论的一元论，也都缺乏将制度个体与社会制度环境联系起来的明确机制，根本原因在于其现实与主观认知中个体与整体之间的矛盾对立。而马克思主义经济学制度分析虽然亦被多数学者归于制度整体主义，但不同于老制度经济学派的理论观点。在马克思主义经济学制度分析中，制度是特定时期生产力水平下、特定生产关系中人们经济行为的基本规则与规范，经济制度演化是个体与整体辩证统一的，个体能动地改造自然和利用自然的生产实践活动是在特定的社会生产关系中来进行的，由生产关系总和构成的经济基础与政治、意识形态等上层建筑彼此间具有作用与反作用关系。

回顾产业协同创新制度演化研究，制度分析视角偏重于以个体主义方法论为主的新制度经济学理论并且研究成果较多，对于其制度演化的动力机制研究主要从产业协同创新的内部非线性作用关系来体现，缺少在马克思主义经济学制度分析视角下，在生产力和生产关系、经济基础和上层建筑的矛盾运动中对产业协同创新的制度系统自身存在何种演化机制的研究

第二，相对于经济制度演化的研究进展，产业协同创新制度演化研究未能与其同步。改革开放以来，产业协同创新制度演化研究的一

个突出特征体现为以经济制度演化研究成果为支撑，并且伴随经济制度演化研究进展而不断推进。但实际上该方面未能达到同步，尤其是与马克思主义经济学制度分析研究成果的对接方面尚存在很大的发展空间。就如青木昌彦（2008）所言，来自西方市场经济体制国家的制度学家们对制度安排的衡量处方，对于理解东亚经济制度的变迁及预测可能并无太大帮助。虽然目前对于如何在经济制度演化的具体实践中建立何种认知机制并没有明确阐述，但在中国经济转换到高质量发展并引领世界经济发展的新时代，中国产业协同创新制度演化研究在此方面具备充足的理论与实践基础，理应前行。

在马克思主义经济学制度分析框架内吸收、借鉴西方经济学等多学科理论与方法，拓展宏观制度分析的微观基础，其学术观点已越发形成共识，该方面已有研究成果为中国微观至中观经济制度演化分析奠定了极具启发性和重要的分析基础，但在具体应用研究方面仍处于发展与探索阶段。产业协同创新作为分工与协作的重要方式，成为连接生产力发展与生产关系的重要中介，现有产业协同创新制度研究或者从宏观制度环境和对策方式来研究，或者从协同创新微观主体间的互动来研究，而对于宏观与微观相结合的制度演化机制研究不足。

第三，缺少产业协同创新制度演化的适应性效率衡量体系研究。适应性效率作为新制度经济学提出的衡量制度效率的一个定性描述概念，通常意义上用于反映制度结构对社会经济环境变化是否具有适应的反应能力。改革开放以来，对于中国特色社会主义制度的不断自我完善和发展，其实质就是生产关系同生产力、上层建筑同经济基础相适应、制度适应性效率不断提高的过程。中国特色社会主义进入新时代，适应经济新常态的发展要求和社会主要矛盾的变化，在坚持中国特色社会主义根本制度和基本制度不动摇的前提下，以破除妨碍生产力发展的体制机制改革为主攻方面的制度创新同样需要体现生产关系的适应性原则，与时俱进并发挥其制度后发优势。

目前，纵观产业协同创新及其制度演化研究，更多的研究集中于产业协同创新的模式、动力或演化机制、治理机制、影响要素、绩效及对策等方面，一方面，以产业协同创新制度为专题的研究相对较少，另一方面，相对于较多的产业协同创新绩效衡量与影响因素研究，尚缺少作为产业协同创新子系统的制度系统演化适应性效率衡量的研究。产业协同创新制度系统演化在嵌入基于辩证唯物主义和历史唯物主义方法论的新时代全面深化改革背景中，以改革层面的制度创新不断适应、保护与促进协同创新，最大限度地整合创新要素与提高企业自主创新能力，需要以新时代产业协同创新的发展要求为核心的制度适应性效率作为其制度创新的动态衡量标准，目的是认知其制度演化中存在问题并以问题为导向，进而形成产业协同创新的动态制度演化机制。而且，适应性作为复杂系统演化的根本特性，如何反映其正式制度与非正式制度的适应性也需要衡量与评价。此外，产学研深度融合作为产学研协同创新的深化与发展，各方融合主体在分工与协作的基础上通过各种形式相互渗透和交融，其制度体系以协同机制为保障并具有升华于协同机制的品质，如何以市场为主导、以企业为主体衡量产学研深度融合的制度适应性效率，将是新时代产业协同创新制度演化研究的重点方向。

第二章　产业协同创新制度分析的理论架构

一、坚持马克思主义经济学基本原理和方法论

马克思主义经济学是马克思主义基本原理同各国革命、建设和改革实践相结合的产物，是关于人类经济活动基本规律的科学，是指导工人阶级及其政党革命斗争的理论。在中国革命、建设改革的历史进程中，马克思主义中国化实现了两次历史飞跃并分别形成了毛泽东思想、中国特色社会主义理论体系两大理论成果。其中，以新发展理念为主要内容的习近平新时代中国特色社会主义经济思想，是中国特色社会主义政治经济学最新成果。新形势下我们坚持马克思主义，坚持马克思主义基本原理，坚持贯穿原理之中的立场、观点和方法，最为重要。

方法论作为从哲学的高度总结人类创造和运用各种方法的经验，探求关于方法的规律性认识。在中国汉语词典中，方法论包括两个层面的内涵，一方面是指关于认识世界、改造世界的根本方法的学说，另一方面是指某一个门具体学科上所采用的研究方式、方法的综合。

马克思主义经济学是由马克思和恩格斯将其所创立的辩证唯物主义和历史唯物主义根本方法论运用到物质资料生产上而产生的科学理论体系。从马克思 1843 年撰写的《1844 年经济学手搞》开始，为

马克思主义经济学理论体系的创立奠定了初步基础。此后，马克思以及与恩格斯合著的重要著作《哲学的贫困》《共产党宣言》《雇拥劳动与资本》和《伦敦笔记》《1857–1858 年经济学手搞》《政治经济学批判》第一分册、《1861–1863 年经济学手搞》《1863–1865 年经济学手搞》以及《资本论》等，对马克思主义经济学的研究对象、方法、事物各方面的属性和范畴及其内在联系等方面进行了论述。其中，1867年《资本论》第一卷德文版的出版，标志着马克思主义经济学的正式创立。[①] 在马克思主义经济学中，除了贯穿辩证唯物主义和历史唯物主义的方法论，作为具体的研究方法还包括矛盾分析法、历史和逻辑相统一方法、抽象法、抽象上升到具体的方法、归纳与演绎相结合方法以及数量分析方法等。

正是基于辩证唯物主义和历史唯物主义的方法论，马克思主义经济学从社会生产力对生产关系作用的角度，研究如何通过变革生产方式和生产关系促进生产力的发展和社会进步。马克思在《反杜林论》中论述政治经济学的对象和方法时，认为资本主义制度已经与其生产方式之间矛盾达到空前激烈的程度，如果要使整个现代社会避免毁灭，生产方式、分配方式则必须发生深刻的并足以改变其制度的变革。[②] 这段论述深入地体现了在政治经济学的研究范畴中，生产方式和生产关系与生产力间的辩证关系以及两方面的变革对促进生产力发展的推动作用。此外，马克思将社会生产作为一个有机整体，马克思从社会关系整体系统中分离出作为"具体总体"的社会生产关系层次，并在论述"生产是总体"这一命题中，运用唯物辩证法分析总体结构中的

---

① 《马克主义经济学说史》，北京：高等教育出版社，人民出版社，2012：35.
② 《马克思恩格斯选集》（第 3 卷）北京：人民出版社，2012：523.

生产、分配、交换、消费环节间相互作用关系，马克思认为，一定的生产决定一定的消费、分配、交换以及这些不同要素相互间的一定关系。在这一过程中，生产也受其他要素制约和影响。即不同要素之间存在相互作用，马克思认变每一个有机整体都是这样。[①]

对于马克思主义经济学的研究对象，马克思在《资本论》德文版第一卷序言中明确指出，资本主义生产方式以及和它相适应的生产关系和交换关系，是其研究对象。[②] 这里的"资本主义生产方式"同义于"资本主义生产"。[③] 学术界对此的解读通常以马克思后来在《资本论》法文版第一卷的校订中，对其德文版关于研究对象阐述的一个微小修改为参考，马克思将此前的"这种生产方式的典型地点是英国"阐述为"英国是这种生产的典型地点"。[④]

以生产为主要研究对象，但却是一定社会生产关系下的生产，马克思认为生产作为社会个人的生产，指的是在某个特历史时代、特定社会发展阶段上的生产，并明确指出"政治经济学不是工艺学"。[⑤] 因此，一个社会发展阶段的生产从社会性质层面分析，就是经济社会形态意义上的社会生产方式，更多地侧重在生产关系方面来研究一个特定社会的物质生产，离开一定社会发展阶段上的社会生产方式的分析，生产关系的分析就无从下手[⑥]。这实质是反映了唯物辩证法在生产方式

---

① 《马克思恩格斯选集》（第 2 卷）北京：人民出版社，2012：699.

② 马克思恩格斯选集》（第 2 卷），北京：人民出版社，2012：82.

③ 赵学清：《马克思〈1857—1859 年经济学手稿〉研究读本》，北京：中央编译出版社，2017：159.

④ 《资本论》（第 1 卷），北京：中国社会科学出版社，1983：2.

⑤ 《马克思恩格斯选集》（第 2 卷），北京：人民出版社，2012：685-686.

⑥ 赵学清：《马克思〈1857—1859 年经济学手稿〉研究读本》，北京：中央编译出版社，2017：163、165.

和生产关系者间的分析与运用。

二、运用马克思主义经济学制度分析理论

在马克思主义经济学中，完整意义的社会制度是由经济基础和上层建筑这两个相互联系的结构组成的，经济基础决定上层建筑、上层建筑反作用于经济基础。在生产关系层面存在着生产、消费、分配、交换等关系，上层建筑层面包括国家、法律、意识形态和道德规范等。马克思主义经济学中经济制度（生产关系）分为基本经济制度、经济体制和具体经济制度三个制度层次。在范围上即包括宏观层面的制度也包含微观层面的制度。其中具体经济制度以基本经济制度和经济体制为条件。这几方面制度在生产力和生产关系的辩证关系中作用于社会生产力的发展。在社会生产活动中，以劳动者为主体的人民群众是主体，因此，经济制度的形成，就是对生产活动中人们之间的劳动关系做出的一种规范性安排。马克思主义认为，人们彼此之间、各集团之间、各阶级之间存在一定经济利益关系，这些关系体现了制度的本质。

马克思主义经济学制度分析框架以辩证唯物主义和历史唯物主义为基础，在生产力和生产关系、经济基础和上层建筑的矛盾运动中，分析社会经济制度的演化发展。马克思经济学不同于基于个体主义分析方法的新制度经济学，它不仅要认识世界，还要改造世界。新制度经济学把制度当作一个影响变量而没有研究制度本身，对于制度的产生、演化和问题与完善等方面以及制度对个体行为的影响缺少深入分析。同时，马克思主义经济学制度分析作为一种方法论，内生于马克

思主义经济学，反映马克思主义根本立场和价值观。对于经济制度演化分析的方向，最重要的是要体现以人民为中心的发展思想，并要坚持这个经济发展的价值取向。刘永佶在其所著的《中国政治经济学方法论》（2015）中明确国度性是政治经济的基本属性，方法论属于理论体系也具有国度性。

马克思主义的经济学作为政治经济学，运用于中国特色社会主义发展实践中，就是要在坚持、深入研究和不断地完善中国特色社会主义基本经济制度的前提下，落实于包括各个层次的具体经济制度的研究，正确处理好人与人之间的经济关系，使人们在经济活动中具有充分的动力，从而实现经济运行的高效率。具体经济制度在微观层面上促进生产力的发展，体现其适应性经济效率，是通过对企业内部、企业之间、产业或区域经济彼此间的利益关系、组织结构以及生产方式进行安排或制约，在实现经济效益最大化的同时体现以人民为中心的发展思想，提高劳动生产率和满足人民对美好生活需要的要求。

三、把握马克思社会分工理论及其当代价值

在马克思主义经济学中，一个社会进步最深刻的原动力是生产力，生产力借助于社会分工可转化为渗透社会一切方面的巨大力量。马克思研究分工是将其纳入生产方式的演进历程中来剖析，以分工与协作为中介有效解决微观经济与宏观经济有机整合的问题（林岗，刘元春，2001）。分工范畴在理论上成为制度分析的核心环节，是因为由分工环节可以在逻辑上剖析经济制度形成与演进的一切秘密（李省龙，2002）。把握马克思关于分工形态、分工的本质与定位、分工与

劳动异化及以及分工与协作等思想实质，挖掘其当代价值，对于经济发展新常态下发挥创新驱动的引领作用，在生产方式的分工与协作层面，以制度创新促进协同创新演化发展进而提升产业层次、推动传统产业升级可具有重要现实意义。

（一）马克思对社会分工形态的界定与分工组织形式的当代演进

马克思将分工区分为社会分工和企业内部的分工，认为社会分工是社会劳动分成不同的劳动部门，由各种专门的劳动分别生产不相同的产品并通过交换产生的。企业内部的分工是生产同一种商品的劳动过程同部实行的分工和专业化，不需要彼此间商品交换而产生。对于二者的关系，马克思认为社会分工是以工场手工业内部分工为前提的，而"工场手工业分工又会发生反作用，发展并增加社会分工。随着劳动的工具的分化，生产这些工具的行业也日益分化""一旦工场手工业的生产扩展到某种商品的一个特殊的生产阶段，该商品的各个生产阶段就转化为各种独立的行业"①。马克思指出，"可以得出结论说，社会内部自由的、似乎是偶然的、不能控制的和听凭商品生产者的任意行动的分工同工厂内部的系统的、有计划的、有规则的、在资本指挥下进行的分工是一致的，而且这两种分工是齐头并进地向前发展的，通过相互作用而相互产生。"这里突出了两个重点，一个是马克思没有脱离生产组织而孤立地谈论分工，这对于我们从何种层面研究分工意义重大；另一个是针对社会内部分工的自发性与随意性，如何形成有效的宏观调节机制，对于发挥社会主义市场经济体制的优越性作用

---

① 《马克思恩格斯选集》（第 2 卷），北京：人民出版社，2012：215.

突显。

马克思认为分工是随着生产力发展而发展的，并且分工的发展会带来经济组织的分化与整合。也是就是说随着生产力的不断发展，工场手工业内部的某一个环节可能会演变成一个新的社会劳动部门即成为社会分工的一部分。20 世纪末以来，世界分工沿着产业间分工、产业内分工及产品内分工的路径演进，但无论哪一种分工都离不开其所依托的经济组织形式。虚拟企业、战略联盟、产业集群等企业网络分工则体现了社会分工的当代演进与发展。与此同时，企业网络的产生原因及发展机制等内容也纳入西方社会科学与自然科学的研究范畴，产生了大量的研究成果并体现出多种理论的融合，如管理学、社会学、生态学、演化经济学、制度经济学、协同学、系统科学等理论。如有学者认为企业网络分工是介于社会分工和企业分工之间的一种分工，与企业分工相比，它由多个企业共同完成一个生产过程，生产出一个最终产品；与社会分工相比，它是在网络内部，一个企业为另一个或几个企业生产，企业之间存在着特定的经济关系。在此基础上，有学者将企业网络分工定义为企业社会性分工，是在新的历史条件下作为社会内部分工、企业内部分工相互融合、相互替代的产物而产生的。

（二）分工研究的生产力与生产关系双重视角

古典经济学时期，亚当·斯密第一次从经济学意义上强调分工与专业化的发展是经济增长的源泉，此后经济学对这一思想的继承与发展大致分为两个方向，一个方向是以马克思主义经济学为代表，另一个方向则以西方经济学中的新古典经济学、新兴古典经济学、新制度经济学等为代表。

新古典经济学从马歇尔开始，逐渐忽视有关分工的问题，其后，西方经济学对新古典经济学范式进行了某种程度的修正，但在分工研究的初始视角等方面与马克思主义经济理论仍存在一定的差别。如果说，马克思主义经济学和西方经济学在研究对象问题上的根本分歧不在于要不要研究资源配置，而在于要不要研究生产方式，要不要研究和生产力相适应的生产关系，以及要不要研究具体的特定的生产方式的资源配置，马克思主义经济学对此回答是肯定的，而西方经济学的回答则是否定的，则这种分歧也揭示了二者研究视角的差别，并明显体现于分工理论中。西方经济学对分工的研究更侧重于生产力视角。新古典经济学代表人物阿林·杨格为了进一步发展分工思想，描述了迂回生产方式下分工、报酬递增与经济增长之间的动态联系，但是由于无法将其分工思想用易于处理的模型数学化表达，没能解决社会分工的最优选择问题。虽然以杨小凯为主要代表的新兴古典经济学派运用超边际分析和角点均衡数学方法分析分工与专业化水平，解决了社会分工水平与结构及其资源配置的最优问题，但各类微观经济主体之间不存在因初始地位的不对称而引发的理性选择的非对称性。而且杨小凯研究一般社会分工，却用企业组织内部分工的例子去说明问题，即在概念上混淆不同的分工形态。

马克思对分工的研究体现了生产力与生产关系的双重视角。马克思认为分工不仅仅是一个经济范畴；而且是一个社会范畴，对于分工的认识，就要从两方面展开，一是从经济发展的方面，一是从社会发展的方面去认识。对于分工与生产力、生产关系内在联系，马克思认为分工是随着生产力的发展而发展的，并且会又反过来推动着生产力的提高，"一个民族的生产力发展的水平，最明显地表现为该民族分工的发展程度上。任何新的生产力都会引起分工的进一步发展。"① 另一方面，马克思认为分工又同生产关系相联系，他认为，"分工发展的不同阶段，同时也就是所有制的各种不同形式。这就是说，分工的每一阶段还决定个人在劳动资料、芝协工具和劳动产品方面的关系。"② 在此方面，我国学者从早期对分工是否属于生产力或生产关系范畴的讨论演化形成另一种学术观点，即分工作为生产力与生产关系的中介，体现生产力与生产关系的双重属性，具有自然特性和社会特性。

从而引发了对马克思主义经济学中分工与生产方式之间关系的进一步剖析。一方面，马克思在《资本论》第一卷序言指出，资本主义生产方式、以及和它相适应的生产关系和交换关系是其研究对象③"以分工这基础的协作或工场手工业，最初是自发形成的。且它得到了定的巩固和扩展，它就成为资本主义生产方式的有意识、有计划的和系统的形式"④ 在马克思这里，分工被纳入生产方式演进的历程中来剖析，即分工不是生产方式的全部，不能简单地用分工来代替生产方式，它们之间只能是整体与部分、包含与被包含的关系。总体来看，分工作为生产力与生产关系的中介，表现出与生产方式的高度关联并在生产方式运作中发挥重要作用。

产业协同创新作为复杂经济系统，以生产力与生产关系的双重视角分析其制度保障，首先要考虑其分工主体与分工环节具有复杂性。一方面协同创新需要多维主体在产品价值链纵向与横向环节分工

---

① 《马克思恩格斯选集》(第1卷)，北京：人民出版社，2012：147.

② 《马克思恩格斯选集》(第1卷)，北京：人民出版社，2012：148.

③ 《马克思恩格斯选集》(第2卷)，北京：人民出版社，2012：82.

④ 《马克思恩格斯选集》(第2卷)，北京：人民出版社，2012：216.

与合作，其创新主体涉及国有企业和非国有企业、研究与开发机构、高等院校等单位，创新过程涉及多技术、多业务、多部门和多地区的分工协作；另一方面，产业协同创新的目的不是对传统产业的简单替代，而是通过促进新兴技术的产业化和传统产业的高技术化实现产业的升级换代。对于产业协同创新系统这种复杂性，虽然从系统自组织角度，凭借其系统内部各要素、子系统间的协同机制来保障其演化发展，但是系统外的体制、制度等创新环境对其演化发展同样重要。因为有些问题不是单纯依靠系统自组织以及市场所能解决的，如国有企业凭借其强大资本实力和研发优势，在传统产业或其承担的战略性新兴产业的个别行业和项目上有突出优势，但存在像高端装备制造业个别行业整体发展较慢的问题。而非国有企业虽然在创新方面具有机制灵活、发展较快优势，但同时也存在对战略性新兴产业一些行业的市场准入限止、融资渠道狭窄等问题，如风能发电难以进入现有的电力市场、相关联产业或关联技术之间投资不平衡以及同质化竞争和资源争夺等问题。这些问题的存在为产业协同创新的协同效应的实现设立了障碍。

党的十八届三中全会对于市场与政府的关系、以及基本经济制度的实现形式上指出，全面深化经济体制改革，其核心问题是处理好政府和市场的关系，使市场在资源配置中起决定性作用、更好地发挥政府作用。发展国有资本、集体资本、非公有资本等交叉持股、相互融合的混合所有制，是基本经济制度的重要实现形式，有利于各种所有制资本取长补短与共同发展。由此，按照完善社会主义市场经济体制、在全面深化改革中增强产业组织技术创新能力和促进产业升级的发展思路，在国家明确定位政府在加强市场监管、保障公平竞争、维护市场秩序、促进共同富裕等方面的职责与作用的情况下，要积极探究"更好地发挥政府作用"的制度保障。另一方面，产业协同创新的产权结构、保障与退出等机制研究，要以社会主义本质的共同富裕目标为要求，实现产业协同创新中国有资本和非国有资本互利共赢，同时也是社会分工的生产力 – 生产方式 – 生产关系原理的实践反映。

（三）以分工为基础的协作效应

马克思从生产方式层面为我们提供了一个分析协作对生产力作用关系的考察视角。分工导致了协作，协作又进一步发展了分工，分工使许多劳动者结合劳动，从而创造出一种新的生产力。马克思指出"许多人在同一生产过程中，或在不同的但互相联系的生产过程中，有计划地一起协同劳动，这种劳动形式叫作协作"，"这里的问题不仅是通过协作提高了个人生产力，而且是创造了一种生产力，这种生产力本身必然是集体力"。① 对于以分工为基础的协作效应，马克思从工场手工业的两种产生方式出发并分析这种集体力。一种方式是"不同种的独立手工业的工人……联合在一个工场里，产品必须经过这些工人之手才能最后制成"，另一种方式是"许多从事同一个或同一类工作（例如造纸、铸字或制针）的手工业者，同是在一个工场里为同一个资本所雇用"，随着外部环境的变化，如在一定期限内有大量商品的需求的情况，"各种操作不再由同一个手工业者按照时间顺序完成，……全部操作由协作者同时进行。这种偶然分工一再重复，显示出它的优越性，并渐渐地固定为系统的分工""商品转化为不断地只

---

① 《马克思恩格斯选集》（第 2 卷），北京：人民出版社，2012：207.

完成同一种局部操作的各个手工业者的联合体的社会产品"。① 而对于工场间的协作，马克思认为"工场手工业又能发展为不同的工场手工业的结合"，"制造产品的工场手工业，也可同那些又把它的产品当作原料的工场手工业，或者同那些把它的产品与自己的产品结成一体的工场手工业联合起来"。② 另一方面，马克思所指的分工与协作不只贯穿于工厂内部和产业间分工协作，也贯穿于地域间分工与协作。马克思指出，"一方面，协作可以扩大劳动的空间范围，因此，某些劳动过程由于劳动对象空间上的联系就需要协作；……另一方面，协作可以与生产规模相比相对地在空间上缩小生产领域。在劳动的作用范围扩大的同时劳动空间范围的这种缩小，会节约非生产费用"，"这样一来，往往整个城市和整个地区都专门从事某种行业"。③

产业协同创新作为重要一种重要的分工与协作形式，其本质是协同创新主体基于核心能力的分工与协作并共同分享其所带来的协同经济效应。产业协同创新按照合作伙伴所在产业是否相同，以横向产学研间协同创新为主要方式，同时可能成为集纵向协同创新和横向协同创新的混合形式，并呈现网络化分工态势。在生产力与生产关系的辩证统一关系中，产业协同创新从生产方式层面促进生产力的发展，从而产业协同创新的产权或契约制度结构从生产关系制度层面影响其协同优势效应、消减协同创新中分工与协作成本。根据马克思分工协作理论，产业协同创新作为特定领域的以产学研分工与协作为主要方式的网络分工，相比于以一般企业生产为特征的社会分工，可以显现出

① 《马克思恩格斯选集》（第 2 卷），北京：人民出版社，2012：211.

② 《资本论》（第 1 卷），北京：人民出版社，2004：403.

③ 《资本论》（第 1 卷），北京：人民出版社，2004：381，542.

其独特的专业化、规模化生产效益与竞争优势。当前，在全面深化改革背景下，发挥市场对资源配置起决定性作用和更好地发挥政府作用，就是要提高资源尤其是稀缺资源的配置效率。国务院公布的《中国制造 2025》明确指出，对于制造业转型升级，要借助政、产、学、研、用产业创新战略联盟，充分利用现有科技资源和围绕制造业重大共性需求，来加强关键核心技术研发与成果转化。作为产业协同创新的重要组织形式，企业战略联盟正是基于价值链的研发、生产、营销等核心环节，凭借企业间分工与协作、资源与核心能力的优势互补而突显其强大的竞争优势。从马克思主义经济学视角，以联盟分工与协作的形式促进产业结构转型升级，亦是对马克思关于"社会分工"和"工厂内部分工"相互促进、协同演进思想的丰富和发展。

此外，根据马克思国际分工与价值增值的理论，产业协同创新制度分析在经济全球化的大环境下，借鉴西方经济学价值链理论，立足于国内市场需求和自主创新，可构建基于创新产品的国家价值链制度体系。对于产业协同创新的这种跨区域分工与协作，无论是国家内还是国际间的区域间分工与协作，具体到市场经济中，必然体现为由区域的资源要素禀赋的比较优势所决定的产业分工与协作。

（四）以分工克服其消极作用

马克思基于特定历史时期的社会分工现状，把社会分工视为异化的源泉。即分工有促进生产力发展的积极作用，也有其消极作用，在它的发展中，不可避免地会产生劳动的异化。这种劳动异化突出表现为两方面，即人与其劳动产品的异化和劳动过程的异化，即前者涉及利益分配，后者涉及劳动活动中被固化在某一岗位或生产环节。对于如何消灭这种由分工所导致的异化，马克思认为生产力的巨大增长和高度发展是实现"消灭分工"的前提条件。即异化的克服又不能离开社会分工，相反还有赖于分工的深化和协调的增进。也就是说，人们在异化面前绝不是无能为力，社会主义分工既包含着产生异化的原因，又包含着克服异化的条件。

在辨证分析马克思所提出的"劳动异化"和"消灭分工"等概念和主张的基础上，可从人的全面发展、社会公平及全球价值链分工等层面，探索克服分工消极作用的现实路径与对策。在人的全面发展方面，由于人自身的全面发展是生产力与社会分工高度发展的结果，同时也是生产力发展的必备因素。因此，通过技术创新或人才战略更快捷地激活生产力、提高劳动生产率以减少必要劳动时间，可为人的自由全面发展提供更多的自由时间并奠定物质基础。在社会公平方面，弱化劳动分工在分配公平、教育公平层面的消极作用，关键在于所有参与分工的劳动主体都能享受分工带来的红利。从产品全球价值链分工角度，存在于资本主义早期的那种固化在分工体系中的工人，现在被那些缺乏核心技术的企业所代替。这种本土企业被束缚在某一个分工环节上，利润空间被价值链体系中拥有强势地位的外资企业所挤压的现象可以被看作是劳动异化。因此，对于产业协同创新制度分析而言，充分利用联盟等分工组织的当代演进形式，增强产业组织的技术创新能力并在全环价值链体系中提升核心能力，是克服全球分工中不利因素的有效途径。

以产学研联盟为例，产业协同创新的实际运行效果在理论上通过联盟各方资源整合可实现其 1+1 ＞ 2 的协同效应，但是产学研联盟发展的一个现实问题是其中普遍存在的高失败率，这应促使我们从经济效益与发展公平方面透视其可能存在的制度缺陷。一方面，从进一步节约制度成本的角度透视创新联盟中创新资源的非协调性问题，因为现实中联盟分工的深化与细化会带来交易费用等协调成本的提高从而进一步阻碍分工发展，进而影响联盟经济效益。另一方面，透视联盟主体在利益分配与能力发展方面的不公平问题。要使得社会分工成为缓和与克服异化而不是加剧异化的手段，关键就在于所有参与分工的劳动主体都能公平享受分工带来的红利，从而保障有充足的闲暇来发展和完善人性。此外，由于联盟分工的基础是核心能力与资源的优势互补，如果联盟成员在分工过程对于自身能力的发展或提高缺少获得感，甚至丧失原有的优势，最终亦会导致联盟失败。因此，应深入分析其产清空研联盟在经济效益与发展公平方面可能存在的制度缺陷，据此对联盟分工的产权或契约制度选择及其相应的治理机制进行研究。

四、以新发展理念为指导

新发展理念是习近平新时代中国特色社会主义经济思想的主要内容。坚持这一经济思想，在经济工作中要做到坚持和加强党的集中统一领导，确保中国特色社会主义经济的正确方向发展；经济发展要坚持以人民为中心的思想，并贯穿于社会主义建设的"五位一体"总体布局和"四个全面"战略布局之中。要以新发展理念为指导，充分发挥市场在资源配置中的决定性作用，政府要更好地发挥其作用，通过改革破除经济发展中的体制、机制障碍。在供给侧结构性改革背景下，坚持问题导向从生产关系和上层建贡层面对机制、体制和具体制度进行改革。坚定不移地贯彻创新、协调、绿色、开放、共享的新发展理念，是依据马克思主义经济学的生产力决定生产关系、生产关系要适应生产力发展要求的基本原理，更加鲜明地强调通过不断调整生产关系来适应生产力的发展，着力解决破除阻碍生产力发展的体制机制障碍。

第一，在产业协同创新制度分析中坚持以人民为中心的价值导向。人民立场，其实质是维护人民根本利益的立场，想和做的事情都是为了人民群众获得利益。全面深化改革始终从人民群众的利益出发，坚持全心全意为人民服务，把落脚点也放在了人民群众，让人民群众来评判改革效果，共享改革成果。党的十八大以来，以习近平同志为核心的党中央始终把人民群众放在最高位置，强调改革的动力源泉是人民群众，改革要为了人民，指出"人民立场是中国共产党的根本政治立场"[①]。始终把人民的利益作为不断奋斗的价值追求，始终不忘为中国人民谋幸福的初心，始终牢记人民是实现全面深化改革持续进行的重要依靠力量。2015年，习近平总书记在中共中央政治局第二十八次集体学习讲话中指出，要坚持以人民为中心的发展思想，这是马克思主义政治经济学的根本立场。促进共同富裕和人的全面发展、增进人民福祉，是我们经济发展的出发点、落脚点。人民利益是至高无上的，改革的目的就是让发展成果更多、更公平地惠及全体人民，最终实现共同富裕。党的十九届四中全会审议通过的《决定》明确提出，以人民为中心、不断保障和改善民生、增进人民福祉和走共同富裕道路，是我国国家制度和国家治理体系的显著优势。将这一制度优势转化为

---

① 习近平：《在庆祝中国共产党成立95周年大会上的讲话》，《人民日报》，2016-07-02.

国家治理效能，不能仅仅将以人民为中心的发展思想停留于、止步于思想环节，必须要体现在经济社会发展各个环节。

产业协同创新的制度演化研究以习近平新时代中国特色社会主义经济思想为指导，在具体经济制度层面落实以人民为中心的发展思想，将中国特色社会主义制度优势转化为国家治理效能，体现了对中国特色社会主义经济理论的理论自信、对马克思主义经济学制度分析方法科学性的坚定自信。在马克思主义经济学中，解放生产力的一个重要层面是通过生产关系制度层面的完善和发展，来不断解放劳动者。社会主义条件下的具体制度改革，就是通过改变传统经济关系中不合理的方面和传统观念对劳动者的束缚，通过解放劳动者来解放和发展生产力。因此，坚持、落实以人民为中心的发展思想，衡量制度适应性效率，宏观制度层面，坚持和完善中国特色社会主义制度、推进国家治理体系和治理能力现代化，以人民对美好生活的向往为奋斗目标，在全民共享、全面共享、共建共享、渐近共享中，不断实现好、维护好、发展好广大人民的根本利益。以新发展理念统领全局，适应新时代我国社会主要矛盾的变化，着力破解发展不平衡不充分问题，不断满足人民日益增长的美好生活需要。在产业协同创新等具体经济制度层面，劳动者的积极性、主动性、创造性以及合作意识、公平分配和利益保障等权力是否得到充分发挥和保障，都涉及具体制度层面落实以人民为中心发展思想的制度衡量。

第二，基于新发展理念衡量产业协同创新的制度适应性效率。

产业协同创新制度的演化发展，体现了社会主义市场经济体制中具体经济制度层面的不断完善与发展。党的十九届四中全会提出"13个坚持"，其中在坚持和完善社会主义基本经济制度，推动经济高质理发展方面，明确指出要全面贯彻新发展理念，完善科技创新体制机制，在市场导向中以企业为主体，通过产学研深度融合，建立技术创新体系等具体措施。

在产业协同创新制度分析中贯彻新发展理念，首先要把握其科学内涵。从总体而言，创新定位于动力，协调定位于方法，绿色定位于方向，开放定位于战略，共享定位于归宿。具体方面，创新作为引领发展的第一动力，坚持创新发展在国家发展全局中定位于核心层面，就是要不断推进包括制度创新在内的理论和科技等各方面创新。协调作为发展的方法、尺度和标准，通过找短板和补短板，着重于解决发展不平衡问题、发展机会的公平问题以及资源配置的均衡问题，目标是经济实现可持续发展。绿色发展，就是要解决好人与自然和谐共生问题，坚定走生产发展、生活富裕、生态良好的文明发展道路，加快建设资源节约型、环境友好型社会，形成人与自然和谐发展现代化建设新格局，推进美丽中国建设。坚持开放发展，通过开放来解决发展内外联动问题，协调内需和外需之间的平衡、进出口平衡，同时引进资本资金和引进先进技术与管理经验等，在全球经济治理中和公共产品供给方面，积极参与，在全球经济治理中不断提高我国的制度性话语权。共享的内涵主要体现为全民共享和全面共享以及共建共享和渐进共享四个方面。新发展理念五个方面相互作用、相互促进，彼此之间存在耦合作用关系，共同发挥整体功效。在从整体上把握新发展理念内涵的基础上，从上层建筑主导经济意识形态与经济基础相互作用关系的角度，思考在产业协同创新具体经济制度分析中如何贯彻与落实新发展理念。

适应性效率作为衡量制度效率的一个概念，主要反映制度结构及其对经济条件变化的适应或阻碍的反应能力，而对于制度适应性效率本身的衡量并没有形成统一的标准。从经济效率角度，西方主流经济学强调收益与成本比较的资源配置效率，新制度经济学强调制度的交易费用衡量标准。除此之外，在马克思主义经济学视阈下，新时代以制度结构为基础的制度效率是否适应分工与协作的要求，关键在于其能否反映新发展理念等主导经济意识形态的要求。制度创新从生产关系层面对产业协同创新的不同主体行为进行约束与激励，就要衡量其在多大程度上提高协同创新效应，其中最重要的是体现创造优质产品与服务的技术创新协同效应，而以创新为引领的绿色协同创新效应、开放和共享协同创新效应亦应纳入制度适应性效率衡量体系中。

五、辩证地吸收与借鉴新制度经济学制度分析理论与方法

中国改革开放 40 多年来，对经济体制改革的经济学研究除了马克思主义经济学的制度分析理论，还有新制度经济学等制度经济学的制度分析理论与方法等，对其需要辩证地吸收与借鉴。

新制度经济学一词最早由威廉姆森为区别于老制度经济学而命名，而作为一学科则是由科斯开创并以其《企业的性质》论文发表为标志，后经诺思、威廉姆森、青木昌彦以及格雷夫等丰富与发展。科斯把个人主义制度分析方法和交易成本范畴引入新古典经济学，使制度分析建立在个体行为分析基础上和经济人假设前提下，认为依据交易成本的高低对制度进行的选择是影响资源配置效率的，即把交易成本视为分析不同制度优劣的标准，从而使得是否运用交易成本分析方法来分析制度构建与资源配置间的关系，成为界定是否运用新制度经

济学的标准。① 在其理论基础上，威廉姆森进一步深化了交易费用概念，将资产专用性程度、交易发生频率和交易的不确定性视为判断交易费用高低的决定性因素，从而使交易费用成为一种可以用来进行科学分析的工具。另一位新制度经济学代表人物诺思，提出制度由正式的规则、非正式的约束（行为规范、惯例和自我限定的行事准则）以及它们的实施特征这三大部分组成，在制度构成三个主要部分中实施问题非常重要，因为在历史演化中，制度变迁、契约以及经济绩效等一些关键性问题，教取决于在多大程度上契约能够成本地得以实施。诺思认为制度分析方法论存在三个基石性问题，即人类合作、制度分析中的行为假定和人类交换中的交易费用，人类行为包括动机和对环境的辨识两个重要方面，并主张将人类行为理论和交易费用理论相结合来进行制度分析。此外，诺思还强调制度变迁的动力是相对价格变化、变迁方式的路径依赖理论、产权理论、国家理论和意识形态理论等，并认为制度变迁是经济增长的原因。

六、融合复杂系统理论

在产业协同创新制度演化分析的相关理论中，需要跨学科融合以演化为研究核心和复杂性科学为标志的复杂系统理论，其总体框架大致为系统的、整体的和演化的思维方式。复杂系统理论是从 20 世纪 80 年代发展起来的、继所谓"老三论"（系统论、信息论和控制论）与"新三论"（耗散结构论、协同论和突变论）之后的第三代系统科

---

① 黄少安：《现代经济学大典》（制度经济学分册），经济科学出版社，2016：15-19.

学论。通常，复杂系统主要是指复杂适应性系统，或者是指包括开放系统、控制系统、自组织系统和复杂适应性系统在内的系统，即复杂适应系统是复杂系统的一种主要形态。根据 20 世纪 80 年代开始发展起来的圣塔菲研究所的观点，复杂适应系统应是从生命开始并且有生命系统参与的系统，有关它的科学是研究从生命起源到人类社会组织的各种复杂系统共同规律的科学。复杂系统一个突出的基本特征是由具有其组成部分即行动主体所不具有的一种比一般系统更加突出的整体性，此外还具有非线性、开放性、远离平衡态、边界难以确定、具有历史等特征。[①] 这种复杂系统是由大量组分组成的网络，通过一定的运作规则产生出复杂的集体行为和复杂的信息处理，并通过学习和进化产生适应性条件。

在制度演化分析中，借鉴或融合复杂系统理论，重要的运用方向是加强对制度演化系统复杂性的认知与理解，探究其复杂性的因果机制，目的是产生并获得制度系统整体的涌现性与功能的放大。经济学中的复杂性思维主要源自圣塔菲研究所，表达了经济可以被看作是由各种制度安排和行为构成的不断进化的系统，而且是复杂系统。复杂性是混沌性的局部与整体之间的非线性关系，由于局部与整体之间的非线性关系，使得我们不能通过局部来认识整体。一切系统复杂性都是组织过程或组织结果的产物。系统通过对各构成要素或组分进行整合的组织过程而建立秩序、或者维持既存秩序，或者形成较高的有序演进结构。这种通过组织而产生整体涌现性是以增加复杂性为代价的，不增加任合复杂性就不可能产生新的整体涌现性。在复杂系统演

---

① 范冬萍：《复杂系统突现论——复杂性科学与哲学的视野》人民出版社，2011：57-59.

化进程中的动词组织主要涉及自组织与他组织，二者相互依存、相互制约，是一对矛盾体。自组织的组织力来自系统组分之间的相互作用，在组织过程中无明确的组织者与被组织者，所有组分的地位与发挥的作用大体相同，整体上能形成、维持、发啊和改变系统有序结构。反之，他组织在系统形成有序结构的过程中，体现为有明确的组织者，在其发布控制命令下，被组织者接受并执行其指令。系统自组织演化逻辑地需要并产生系统内在的他组织存在其客观必然性，同时任何系统至少要承受环境的他组织作用。有了内在他组织者，系统将作为整体根据统一指令与环间发生关系，形成内外两种他组织相互作用的关系。现代社会的经济系统都是自组织与他组织的某种统一。对于经济制度系统而言，由于行动主体存在意识与认知的主观能动性，随着有意识的他组织的产生，系统的复杂性会增加。[①]

（一）融合协同学理论探究制度系统动力机制

协同学理论是关于多组分系统如何通过子系统协同行动而导致结构有序变化的一种自组织理论和方法论，而且最为重要的一点在于，协同学创始人哈肯曾经公开明确表示，协同学的哲学基础之一是对立统一规律，协同学研究的对象领域"存在着许多对立统一的范畴"（H. 哈肯《协同学：理论与应用》杨炳奕译，中国科学技术出版社1990 年版：11）。对此，从协同学的理论框架与科学思维可以看出，协同学就是以稳定性和不稳定性、合作与竞争、支配与服从、确定性与不确定性、自组织与他组织等多种对立统一为纲建立起来的。

---

① 苗东升：《复杂性科学研究》北京：中国书籍出版社，2013：140-153.

自组织理论是研究自组织现象、规律的学说的一种集合，它还没有成为一体的统一理论，而是一个理论群或一个方法论集合。它包括普里高津（I. Prigogine）创立的"耗散结构"理论（Dissipative Structure Theory）、哈肯（H. Haken）创立的"协同学"理论（Synergetics）、托姆（Thom）创立的"突变论"数学理论（Morphogensis）、艾根（M. Eigen）等创立的"超循环"理论（Hypercycle Tbeory）、以及曼德布罗特（Mandelbrot）创立的分形理论（Fractal Theory）和以洛伦兹为代表的科学家创立的"混沌"理论（Chaotic Theory）等。[①] 耗散结构、突变理论、协同学理论、分形论、超循环理论等构成了自组织理论体系的主要部分，每一理论组成的方法论在整个组织方法论中居不同地位。本书主要运用协同学的主法论。

协同学方法论在整个自组织方法论中处于一个动力学方法论的地位。协同学由哈肯于 20 世纪 60 年代创立。哈肯认为协同学研究系统从无序到有序转变的规律和特征，是一门跨越自然科学和社会科学的横断科学。它研究系统中子系统之间怎样合作以产生宏观尺度上的空间结构、时间结构或功能结构即"自组织"，既处理确定问题又处理随机过程。协同学处理由许多子系统组成的系统，不同系统的子系统可以是性质十分不同的，特别是这些结构以自组织的方式出现。[②] 不稳定性原理，支配原理和序参量原理，是协同学的三大基本原理（中心是支配原理）。承认不稳定性具有积极的建设性作用，认定系统自组织一般只由很少的序参量来决定，是协同学的重要观点。协同学也

① 吴彤：《自组织方法论研究》清华大学出版社，2001：20-34.

② H·哈肯著，郭治安译：《高等协同学》科学出版社，1989：68-70.

十分重视在结构有序演化过程中,"涨落"所起的关键作用。研究稳定性的丧失,导出支配原理,建立和求解序参量方程,这三个步骤构成协同学处理问题的程序主线。

在协同学中,协同是基本概念。按照哈肯的观点,协同就是系统中诸多子系统的相互协调的、合作的或同步的联合作用、集体行为。也就是说协同作为一种过程,从微观上是通过协调对象组织、对象本身、对象交互进行控制这种合作行为,来达到合作目的。自组织系统演化动力来自系统内部的两种相互作用:竞争和协同。子系统的竞争使系统趋于非平衡,而这正是系统自组织的首要条件,子系统之间的协同则在非平衡条件下使子系统中的某些运动趋势联合起来并加以放大,从而使之占据优势地位,支配系统整体的演化。

除了协同与竞争,序参量概念作为协同学最为核心的内容之一,体现为与系统内部大量子系统的运动彼此间相互作用,即由大量子系统的相互作用产生序参量,同时大量子系统又服务于序参量。在协同学中,哈肯认为判断序参量的主要根据是看一个参理在系统演化过程中能否从无到有的变化,并且能够在其引导与作用下产生系统新的有序结构。序参量一方面是系统内部大量系统集体运动的产物,另一方面而言,序参量一量形成又发挥支配子系统运动、主宰系统整体演化的作用。总的来看,在系统自组织演化分析过程中,作为首要的任务必然要找出其序参量,因为它既是系统合作效应的表征和度量,又是系统整体运动状态的度量。

根据协同学理论,产业协同创新作为经济系统其本质就是要实现创新过程中各个要素的自组织效应最佳化。产业协同创新的制度系统在序参量的作用下凭借各子系统间非线性作用机制最终产生协同效应，其中协同机制健全与否制约着其制度系统的演化发展。"机制"一词源自希腊文，原指机器的构造和动作原理，即机器内在的工作方式、结构组成部分的相互关系及其运动过程中的相互联系，是事物运行的轨迹。因此，这里，机制是指系统内不同要素之间的相互联系，相互作用，由于它们的相互联系、相互作用而使系统以一定的方式运行。从系统演化的角度来讲，作为系统演化的内部动力，机制就是系统内部的一组特殊的约束关系，它通过微观层次的运行的控制、引导和激励来使系统微观层次的相互作用转化为宏观的定向运动。一般来讲，系统要进化，内部必须存在适当的生长机制，这种机制对应了某种非线性关系。它是一种非对称的选择放大或衰减机制，能根据系统进化的需要对内部或外部关系与事物进行选择、控制、协调和引导。这里的选择，一方面是选择构成系统所需要的材料和能源，另一方面是选择合适的组织路线、方针、步骤、程序、途径等。这里的放大，就是一种内部的正反馈激励机制，激励内部成员相互配合，积极工作。在产业协同创新的制度演化过程中，协同机制即是战略联盟内部各成员企业由于相互协同与竞争，在共同实现联盟竞争优势以及各自战略目标的基础上，所形成的联盟系统内在特定规律性机制。

（二）融合演化经济学探究制度系统演化机制

演化经济学是不同于西方主流经济学的经济学范式，是以生产为核心的关于资源创造的经济学，其中，制度建设或制度改革是一个以生产和创新为核心的制度概念，而西方新古典经济学和新制度经济学以及演化博弈论等是以交换为核心的经不刘学，其制度实质上是"交易性制度"的概念民。作为率先将达尔文关于自然选择的演化思想用于经济学的理论家、老制度经济学派的创始人，某种程度而言，关于制度演化的理论可以追溯到凡勃伦，或者认为演化经济学这一概念由凡勃伦所创造。如果回到生物学演化理论的原点，达尔文的自然选择理论主要包括三方面的基础原理：首先，在物种或人口成员中必然有持续的变异，这种变异可能是盲目的、随机的或是有目的并且成为自然选择发生作用的前提；其次，必然存在某些遗传原则或某种机制，使得个体特征传递代代相传；再者，自然选择本身能发挥作用并有利于生存斗争，变异或基因组合能够使更多具有适应性的有机体保存下来。凡勃伦虽然率先引用达尔文的生物进化思想于经济领域，但是他所用的方法论是反生物学还原论，即主张一种"演化的"和"后达尔文主义"的经济学，反对将人类行为简单地用遗传性的观点来解释

现代演化经济学的复兴，可以追溯到 1982 年纳尔逊和温特的著作《经济变迁的演化》。在该著作中，他们将生物学中的进化理论引入到经济学并明确表示，"演化"作为生物学术语"首先是一个符号，表示我们从生物学借用了其基本思想"（Nelson and Winter，1982）。纳尔逊和温特将经济演化思想与生物学对接，在分析经济组织的演化时同样引用了类似于基因的常规和习惯、类似于变异的"搜寻"以及自然选择关键概念，但同时也指出，人类的行为具有主动性和创新性的空间，而且社会经济学领域的常规等基因或遗传性并不像生物学领域所表现的那样富有耐久性，当常规发生变异时，新的特质可以被模仿并遗传。

当代制度与演化经济学代表人物霍奇逊对于经济学中引入生物学的演化思想、探究演化经济学的本质方面进行了深入思考，并尝试以所涉理论的本体论和方法论为分析基础对演化经济学相关含义进行分

类学研究，提出了演化经济学的方法论是还原论的还是非还原论的。完全的还原论是不可能的，因为社会不能离开个人，个人也不能先于社会存在，单向的解释范式，例如从部分到整体或反之亦然，都是不可取的。①

此外，由于演化经济学在发展的历程中吸纳了诸多理论、思想与方法，使得经济学界对其所包括的范围存在不同的见解与争议。如有观点认为，演化经济学包括新熊比特学派、老制度经济学派、演化博弈论以及诺斯等学者的学说。黄少安认为，斯密在《国富论》中对于专业化分工、市场规模和经济发展关系的研究、奥地利学派、德国历史学派、马克思主义经济学、老制度学派和熊彼特主义等都属于演化经济学。贾根良认为，相对于西方主流经济学、马克思主义经济学，现代演化经济学可视为第三种经济学理论体系，通过对老制度学派、新熊比特学派、奥地利学派、后凯恩斯主义经济学等西方非马克思主义经济学研究，在融合的基础上，综合在经济思想史上具有重要地位的重商主义经济学和李斯特经济学等观点，从而创建演化经济学的新李斯特主义学派，并可作为中国发展自己的演化经济学理论的重要来源。② 如果说，系统是由要素和要素之间的联系和相互作用连接成的，相似于新古典主流经济学研究的要素，演化经济学研究的则是要素之间的连接，从而两者间有着基本的区别，以系统论作为演化经济学的一个理论基础，可以在整体的基础上抓住事物的本质。

---

① 杰弗里·M.霍奇逊：《演化与制度——论演化经济学和经济学的演化》任荣华等译，北京：中国人民大学出版社，2017：136-137.

② 贾根良：《演化经济导论》，北京：中国人民大学出版社，2015：88-90.

第三章　产业协同创新制度分析视角

视角决定我们能看见什么与看不见什么，决定了我们面对这个世界时会形成什么样的问题意识以及提出什么样的问题。经济学是社会科学，社会科学家对研究领域的选择、提出的问题与研究框架及用词方式，都很可能在某种程度上反映他的利益、意识形态和价值观。[①]马克思的经济学是马克思主义经济学的主要内容和理论源头，是马克思本人的经济学说体系，马克思主义经济学就是马克思主义政治经济学。

一、马克思主义经济学制度分析视角

（一）马克思主义经济学制度分析的整体性

马克思主义经济学存在制度分析的整体性框架。马克思主义理论是世界观与价值观的科学统一体，在内容上具有整体性、在价值论层面涵盖整体性、在历史中延续整体性、在实践中反映整体性，并在方法论意义上渗透整体性。马克思对于经济学研究对象"整体"的说明体现于三个方面，即把握研究对象的整体性、整体中的决定性因素以

---

① 袁辉:《约瑟夫·阿络伊斯·熊比特——创新经济学之父》北京：人民邮电出版社，2009：126.

及决定性因系和其在因素的关系，即决定性因系决定着其他他因素，其他因素与会在一定条件下反作用和影响决定性因素。①

首先，在马克思主义经济学视阈下，基于辩证唯物主义和历史唯物主义根本方法和系统思维的运用，特定历史阶段的生产力和生产关系、经济基础和上层建筑的矛盾运动是经济学分析的基本前提，成为个人理性经济行为的整体性制约，存在最广泛意义上的整体性。生产力决定生产关系、经济基础决定上层建筑，由社会生产关系总和构成的经济基础与上层建筑之间存在相互联系、相互作用的社会关系整体结构，构成广泛意义上社会制度的整体层面。②马克思论述社会生产关系这一相对独立的层次结构，是从社会关系整体结构中分离出来的，社会生产关系这一整体结构是其中一个有机组成部分并成为其基础。马克思主义经济学分析人的经济行为，就是在历史形成的社会经济结构（生产关系）的整体制约中进行的，因为仅仅单凭个体要素及其组成不能够形成对事物的科学认知，要依靠组成整体的要素及彼此间的作用关系所形成的结构发挥作用。③从系统观角度看，这就是系统结构决定功能。实际上，马克思作为演化经济学的思想先驱，始终把社会经济形态视作一个有机整体，生产力与生产关系等均为其子系统，其联系具有系统性、整体性和协同性，彼此间的作用与反作用机制体现了系统反馈思想。从系统科学角度，任何一个系统都是由具有特定功能的、相互间有机联系的要素所构成的一个整体，系统整体性是其

---

① 顾海良：《现代经济学大典：经济学方法论分册》经济科学出版社，2016：22.

② 顾海良：《马克思主义经典作家关于政此经济学一般原理的基本观点研究：北京：人民出版社，2017：50.

③ 本书编写组：《当代马克思主义政治经济学十五讲》林岗，马克思主义政治经济学的方法论，中国人民大学出版社，46.

基本的特征。系统整体观是系统演化发展的重要观点，强调系统内部各构成要素、子系统之间复杂作用关系和整体功能的放大。

其次，在《政治经济学批判》导言中，马克思在论述社会生产关系这一"具体总体"时特别强调了"整体"。马克思指出："具体总体作为思想总体、作为思想具体，事实上是思维的、理解的产物；……。整体，当它在头脑中作为思想整体而出现时，是思维着的头脑的产物，这个头脑用它所专有的方式掌握世界，而这种方式是不同于对世界的艺术精神的、宗教精神的、实践精神的掌握的。"① 在这种整体思维下，对于社会经济结构中的生产、分配、交换、消费环节间相互作用关系，马克思指出"生产既支配着与其他要素相对布方的生产自身，也支配着其他要素，……，因此，一定的生产决定一定的消费、分配、交换和定些不同要素相互间的一定关系。当然，生产就其单方面形式来说也决定于其他要素。……，不同要素之间存在相互作用。每一个有机整体都是这样。"② 这一整体性思想体现了辩证唯物主义关于物质世界中事物和过程彼此间相互联系、相互依赖、相互制约和相互作用的普遍联系的观点，而辩证唯物主义本身就是系统思想的哲学表达。

（二）马克思主义经济学制度分析微观与宏观的辩证统一

马克思主义经济学制度分析与新制度经济学制度分析最明显的不同在于方法论的不同。新制度经济学制度分析基于西方主流经济学的个体主义分析方法，选择"理性人"作为研究起点，试图从"纯粹的"个人行为演绎出有关资本主义市场经济制度整体的图谱。马克思主义

---

① 《马克思恩格斯选集》（第 2 卷）北京：人民出版社，2012：701.
② 《马克思恩格斯选集》（第 2 卷）北京：人民出版社，2012：699.

经济学制度分析既不同于强调基于个体理性选择来建构制度的个体主义制度分析范式，也不同于强调个体行为是社会制度产物的以老制度主义学派为代表的整体主义制度分析范式。

个体主义作为西方主流经济学的主要方法论原则，以被视为经济人假设的个体行为研究为方法论基础，其突出特征体现为遵循亚当·斯密的观点，认为社会的共同利益是个人利益的加总。卢瑟福认为，只有个人才有目标和利益、社会系统及其变迁产生于个人的行为、所有大规模的社会学现象最终都以个人的气质、信念、资源以及相互关系的理论加以解释。在制度经济学领域，个体主义分析方法作为新制度经济学制度分析的基本方法，制度的建构基于成本与收益为核心的西方主流经济学经济人假设，从个体理性选择或博弈视角出发，是个体间追求利益最大化和彼此间博弈的均衡结果。虽然诺斯等人试图将意识形态、信仰等因素纳入个人理性选择的最大化框架中，但仍然在发展制度分析方法同时，未能克服个体主义分析的弊端。[①] 诺斯在《经济史上的结构和变革》中指出，一个社会的专业化和分工越大，与交易有关的衡量成本便越大，发明有效伦理道德准则的成本也就越大。最重要的是，任何成功的意识形态都必须克服搭便车的问题，其基本目标定位为不单纯按照个人成本收益来衡量就能为团体注入活力。意识形态所产生的这种对行动的重大推力，对于维持和废除现有秩序至关重要。因此，意识形态对个体的作用也就体现为三个方面，既意识形态是一种节省成本的方法，依靠意识形态所提供的约束集体行动并与外与外界沟通协调的共同价值观或世界观，能够使集体决策

① 程恩富，胡乐明：《经济学方法论》上海财经大学出版社，2002：209.

过程尽可能简化；意识形态与个人层面理解的价值观和道德伦理，存在相互交织的作用关系；当个人理解的价值观和道德伦理与意识形态发生不一致时，个体可能会改变自己的思想观念。[①]

以凡勃伦、康芒斯和米契尔为代表的产生于19世纪末20世纪初的老制度主义学派通常采用制度整体主义分析方法，强调个人行为是社会制度环境的产物并受制于习惯、礼俗、法律等制度，强调制度变迁对经济发展发挥重要作用。如凡勃伦认为，个体行为会被其参与其中的群体的习惯性联系所包围和引导，这些联系则体现为某项制度的特性，随着制度的场景改变而改变。如果说制度具有高度的复杂性和整体不稳定性，则在制度变量的函数中，个体行为的变化、个体需要与愿望、与需求相关的结果、目标、方法、手段等均受其制度变量的影响。[②] 由于制度是与人类的认知联系，同时理性行为又依赖于制度，因此它既是人们主观想象的产物，也是人们所面对的客观结构。从这一点上来看，老制度主义当代代表人物霍奇逊有着不同于传统老制度经济学派的发展观点，他认为在经济社会发展中，制度分析把制度而不是个人作为基本分析单位，但是这种换位的替代"并不是方法论集体主义""正如结构不能适当地按照个人来解释一样，个人也不能适当地根据结构来解释"。[③] 人与制度之间是相互作用、相互依赖的，个人的习惯强化了制度的同时又被制度所强化，把制度作为分析对象并不意味着个体必须受到制度的支配，而是制度分析即要强调制度的作

---

① 道格拉斯·C.诺思：《经济史上的结构和变革》，厉以平译，商务印书馆，1992：50-56.

② 霍奇逊《现代制度主义经济学宣言》北京：北京大学出版社，1993：166.

③ 杰弗里·M.霍奇逊：《制度与演化经济学现代文选：关键性概念》贾根良，徐尚等译，高等教育出版社，2005：298.

用，也要强调人的主观能动性，这是一种相互加强的因果循环。

对于制度分析，无论是单纯的个体主义方法还是整体主义方法都具有一定的片面性。对此，卢瑟福在《经济学中的制度》中引用劳埃德的观点予以解释："方法论个人主义的大多数形式高估了个人的力量，而整体主义的某些形式又错误地认为'社会存在有能动力'。"①

而马克思主义经济学制度分析是以辩证唯物主义和历史唯物主义为基础，在生产力和生产关系、经济基础和上层建筑的矛盾运动中，分析社会经济制度的演化发展。对于制度发展过程人的理性行为与社会制度的辩证关系，马克思强调人在实践活动过程中具有主观能动性和创造性，认为制度发展的每个阶段都对应人发展的每个阶段，"人们的社会历史始终只是他们的个体发展的历史"。同时，马克思也指出"私人利益本身已经是社会所决定了的利益，而且只有在社会所设定的条件下并使用社会所提供的手段才能达到"，私人利益"它的内容以及实现的形式和手段则是由不以任何人为转移的社会条件决定的。"在《政治经济学批判》导言中，马克思指出，"说到生产，总是指在一定社会发展阶段上的生产——社会个人的生产。"② 即以生产为主要研究对象，但却是一定社会生产关系下的生产，生产中人的经济行为的分析，也必须在历史地形成的社会生产关系的框架内进行，而不是按抽象人性假设采购分析。

马克思研究任何一种微观经济问题都是置于社会之中，在研究任何一种宏观问题又不脱离微观经济问题。在《资本论》中，马克思的

① 卢瑟福：《经济学中的制度》北京：中国社会科学出版社，1999：45.
② 《马克思恩格斯选集》（第2卷）北京：人民出版社，2012：685-686.

研究正是这样相互渗透、相互融合的。① 马克思主义经济学制度分析从而具有超越个体主义或整体主义的方法论特性，是从整体上考察世界及其事物的科学的世界观和方法论（刘凤义，2010）。由于制度本身的层次性、差异性和特殊性，在宏观层次的制度供给和影响下，一些具有特定适用范围的制度及其变迁必然是由相关群体来完成的。② 因此，马克思主义经济学制度分析中的制度具体可以划分为社会基本经济制度、经济体制以及各项具体经济规章制度三个层次，这三方面的制度彼此影响并分别从不同层面作用于社会生产力和经济效益。马克思把生产资料所有制作为社会经济制度的核心，并以此从劳动制度、资本制度、土地制度等具体制度以及政治、社会、文化等宏观制度这两方面进行制度分析。其中，具体制度层次的制度更多的是以个体行为作为规范与约束的对象，并嵌入、制约于经济体制和基本经济制度中。也就是说，马克思的制度分析不仅具有生产力与生产关系、经济基础与上层建筑等宏观层级的社会历史制度演化分析，也有个体层级的微观制度演化基础及其动力机制分析。

（三）马克思主义经济学制度分析坚持以人民为中心的根本立场

马克思主义经济学的方法论根本上区别于西方主流经济学的方法论。马克思主义经济学的立场与观点来源于其方法。马克思主义经济学制度分析运用辩证唯物主义和历史唯物主义方法论和世界观，坚持和运用马克思主义立场、观点、方法，在生产力、生产关系和经济基础、上层建筑的辩证关系中，分析社会经济制度的演化发展。坚持马

---

① 程恩富：《经济学方法论》，上海：上海财经大学出版社，2002：116.

② 朱富强：《制度改进的基本思维：演化动力和优化原则》，《财经研究》2012（4）.

克思主义的立场、观点和方法，最根本的坚持是方法，因为正确的立场和观点归根到底取决于科学的方法。①

马克思主义经济学的视角体现了马克思主义的根本立场、方法和观点，也体现了与西方经济学不同的研究视角和经济意识形态。当前，中国经济发展新常态是中国特色社会主义经济的新常态，"中国特色社会主义是社会主义，不是别的什么主义，科学社会主义基本原则不能丢"。同时，"马克思主义必定随着时代、实践和科学的发展不断发展，不可能一成不变"。② 在马克思主义经济学当代化与中国化的进程中，必然要坚持马克思主义的根本立场，运用辩证唯物主义和历史唯物主义世界观和方法。全面提高对外开放水平与全面深化改革，辩证地吸收、借鉴西方经济学理论与方法并使之为我所用也必然在这一本质层面与根本前提下。马克思主义经济学就是马克思主义政治经济学，马克思的经济学是其主要内容和理论源头，是马克思本人的经济学说体系。当代中国马克思主义经济学，是对马克思的经济学的发展。马克思主义以未来共产主义社会人的自由全面发展的终极目标。"始终站在人民大众的立场上，一切为了人民、一切相信人民、一切依靠人民，诚心诚意为人民谋利益"，这是马克思主义的根本出发点和落脚点。习近平总书记在 2015 年 11 月 23 日中共中央政治局第二十八次集体学习讲话中，强调要坚持以人民为中心的发展思想，这是马克思主义政治经济学的根本立场。要坚持把增进人民福祉、促进人的全面发展、朝着共同富裕方向稳步前进作为经济发展的出发点和落脚点。

---

① 　本书编写组：《当代马克思主义政治经济学十五讲》林岗，马克思主义政治经济学的方法论，中国人民大学出版社，2016：36.

② 　习近平：《习近平谈治国理政》，北京：外文出版社，2014：22，23.

马克思、恩格斯在《共产党宣言》中指出："无产阶级的运动是绝大多数人的、为绝大多数人谋利益的独立的运动"；在未来社会，"生产将以所有人的富裕为目的"。《资本论》同样是以实现工人阶级和劳苦大众的利益为出发点和归宿的。马克思主义创始人和马克思主义经济学经典作家的原著清晰地反映了马克思主义的立场，即"始终站在人民大众的立场上，一切为了人民、一切相信人民、一切依靠人民，诚心诚意为人民谋利益"，这是马克思主义的根本出发点和落脚点。

人民立场，其实就是维护人民根本利益的立场，想和做的事情都是为了人民群众获得利益。全面深化改革始终从人民群众的利益出发，坚持全心全意为人民服务，把落脚点也放在了人民群众，让人民群众来评判改革效果，共享改革成果。党的十八大以来，习近平总书记强调改革的动力源泉是人民群众，改革要为了人民，指出"人民立场是中国共产党的根本政治立场"①。始终把人民的利益作为不断奋斗的价值追求，始终不忘为中国人民谋幸福的初心，始终牢记人民是实现全面深化改革持续进行的重要依靠力量。以人民为中心开展改革。在任何改革方法实施之前，都要切实调查群众需求，从群众最关心、最急切的问题开始改起。切实做到人民有所要求，改革就有所回应，老百姓期盼什么，需要什么，就围绕什么地方改起。全面深化改革还始终坚持发挥人民群众的主体作用，让人民群众参与改革之中，从人民群众身上吸取经验，向人民群众学习、取经。时刻谨记改革取得的发展、突破都离不开人民群众的智慧。全面深化改革始终让人民群众来评价改革的成效，改革改得好不好要看人民群众是否满意。始终坚

---

① 习近平：《在庆祝中国共产党成立 95 周年大会上的讲话》，《人民日报》，2016-07-02.

持改革为了人民，通过改革给人民群众带来更多获得感。坚持以人民为中心的发展思想，就要以问题为导向，深入群众中去，到基层通过多次调查研究，着眼于人民最期盼、最迫切的问题，激发人民群众的积极性，让人民参与到改革中来，让人民共享改革发展成果。

　　经济制度分析要体现以人民为中心的发展思想，并要坚持这个经济发展的价值取向。在经济制度演化分析中，生产关系不仅且有促进生产方式、生产力发展的功能，还有扩大统治阶级对剩余劳动产品的获取。[①] 而且生产关系的主体是人，是经济活动中的人与人的关系，是人本质中交往要素在经济中的集合形式，生产关系是由权利规定的，并集中表现为经济制度和体制。[②] 中国特色社会主义进入新时代，顺应人民对美好生活的向往要求，要坚持把增进人民福祉、促进人的全面发展、朝着共同富裕方向稳步前进作为经济发展的出发点和落脚点，部署经济工作、制定经济政策、推动经济发展都要牢牢坚持这个根本立场。以此保证各种所有制主体依法平等使用生产要素、公平参与市场竞争、同等受到法律保护；清除市场壁垒，发挥市场在资源配置中的决定性作用，提高资源配置效率和公平性。

　　坚持、落实以人民为中心的发展思想，衡量制度适应性效率，宏观制度层面，坚持和完善中国特色社会主义制度、推进国家治理体系和治理能力现代化，以人民对美好生活的向往为奋斗目标，在全民共享、全面共享、共建共享、渐近共享中，不断实现好、维护好、发展好广大人民的根本利益。以新发展理念统领全局，适应新时代我国社

---

① 　孟捷：《历史唯物论与马克思主义经济学》北京：社会科学出版社，2016：124，100，44.

② 　刘永佶：《中国政治经济学方法论》中国社会科学出版社，135.

会主要矛盾的变化，着力破解发展不平衡不充分问题，不断满足人民日益增长的美好生活需要。在产业协同创新等具体经济制度层面，劳动者的积极性、主动性、创造性以及合作意识、公平分配和利益保障等权力是否得到充分发挥和保障，都涉及具体制度层面落实以人民为中心发展思想的制度衡量。

（四）马克思主义经济学制度分析具有与时俱进的特性

马克思主义经济学制度分析具有与时俱进的方法论特性，表现在实践中坚持将马克思主义方法论与中国实际相结合，做到方法论的具体化、创新化。马克思主义本身就具有与时俱进的品质，是不断发展的开放的理论，恩格斯讲过，"马克思的整个世界观不是教义，而是方法。它提供的不是现成的教条，而是进一步研究的出发点和供这种研究使用的方法。"[①] 而卢卡奇作为西方马克思主义的重要奠基人，在《历史与阶级意识》中指出，"正统的马克思主义并不意味着无批判地接受马克思研究的结果。它不是对这个或那个论的信仰，也不是对某本对书的注解，马克思主义问题中的正统仅仅是指方法"。[②]

马克思主义方法论内生于马克思主义经济学，马克思主义经济学制度分析在与时俱进的过程中，不可能存在脱离马克思主义基本原理与其方法论。中国从 1978 年改革开放后，在社会主义市场经济理论形成的基础上，社会主义市场经济体制改革不断深化与加速。在经济体制改革方面，从党的十四大提出我国经济体制改革的目标就是要使市场对资源配置起基础性作用，到党的十八届三中全会通过的《中共

---

① 《马克思恩格斯选集》（第 4 卷）北京：人民出版社，2012：664.
② 卢卡奇：《历史和阶级意识》，北京：商务印书馆，1999：48.

中央关于全面深化改革若干重大问题的决定》，强调深化经济体制改革，要围绕使市场对资源配置起决定性作用、更好地发挥政府作用；在土地制度改革方面，从党的十一届三中全会后 80 年代初期中国推行家庭联产承包责任制，到党的十七届三中全会提出允许农民以转包、出租、互换、转让、股份合作等形式流转土地承包经营权，再到党的十八届三中全会《决定》提出在建立城乡统一的建设用地市场、持农村土地集体所有权，依法维护农民土地承包经营权，发展壮大集体经济，赋予农民更多财产权利方面进一步提高农村土地制度改革的力度。中国的经济体制改革始终坚持改革的正确方向，坚持四项基本原则，不断推进社会主义制度的自我完善和发展，体现了以是否有利于提高人民生活水平为改革标准、符合最广大人民群众的根本利益、以人为本和以人民为中心的发展思想。

遭遇新冠病毒肺炎疫情以来，中国人民团结一致抗击疫情斗争所取得的实践成效，彰显了基本经济制度优势在保障应急防疫物资供应、人民生活稳定和发挥制造强国建设能力等方面发挥得淋漓尽致。党的十九届四中全会审议通过的《中共中央关于坚持和完善中国特色社会主义制度、推进国家治理体系和治理能力现代化若干重大问题的决定》，对社会主义基本经济制度的内涵实现了重大理论创新与突破，明确提出我国国家制度和国家治理体系的一个显著优势就是"坚持公有制为主体、多种所有制经济共同发展和按劳分配为主体、多种分配方式并存，把社会主义制度和市场经济有机结合起来，不断解放和发展社会生产力的显著优势"。

成功的实践离不开科学理论为指导，基本经济制度具有显著优势有着以马克思主义科学理论为指导的深刻理论逻辑。实践证明，我们党把马克思主义基本原理同中国革命、建设和改革的具体实际相结合，在古老的东方大国，建立起保证亿万人民当家作主的新型国家制度，使中国特色社会主义制度成为具有显著优越性、强大生命力的制度，保障我国创造出经济快速发展、社会长期稳定的奇迹。学习和运用马克思主义政治经济学基本原理、方法论，掌握科学的经济分析方法，在面对复杂的国内外经济形势，解决复杂的经济问题时，有利于我们正确把握社会经济发展规律，认识经济运动过程，提高建设社会主义市场经济的能力，更好回答对我国经济社会发展的理论与实践问题。

二、产业协同创新制度分析的公平视角

马克思主义以人的自由全面发展的终极目标，而促进人的全面发展，社会公平正义是重要基础。马克思主义经济学最注重社会财富增长与社会公平的结合。马克思在研究微观制度效率的同时，更注重研究制度对于社会公平和正义的整体社会效率。公平属于上层建筑范畴，作为一种非正式制度，反映了意识形态在上层建层面对经济基础和生产力的促进作用。在马克思看来公平意识形态是一种利益结构在人们头脑中的反映，其中一定社会历史阶段起主导地位的生产关系起决定作用。

在现代西方公平理论中，约翰·罗尔斯在其著作《作为公平的正义》中所反映的正义观体现为，社会合作是由公众所承认的规则和程序来指导和调节他们的行为，其关键在于其能否在参与社会合作的社会成员之间合理地分配权利和义务。这种包含合作条款的公平理念，可以让参与其中的每一位成员接受，表明了互利共赢的理念。所有参

与者都按照之前共同确定的规则所要求那样履行彼此的义务的责任，同样也就能够按此前规定的分配标准获取各自的利益。正义原则的作用就是"明确公平的社会合作条款。这些原则所阐明的是由主要政治和社会制度所规定的基本权利和义务，并且他们也调节内社会合作产生的利益分配，并分派维持这种社会合作所必需的负担。在一个民主的社会中，从政治正义观念的观点看，既然公民被当作自由和平等的人，那么民主的正义观念的原则就应当被视为阐明了这样所理解的公民之间进行合作的公平条款"。① 罗尔斯提出公平的机会平等这一重要原则，主张给社会成员以平等地接受教育和训练的机会，使他们具有平等的争取更好的生活前景的机会，而不论他们所属的阶级、他们的社会地位、他们所占有或支配的社会财富等情况。公平的机会平等，不仅指要把机会提供给所有的公民，更为重要的是使他们具有把握机会的能力。罗尔斯指出："基本结构应该保证公民的自中和独立，并且不断缓和这样一些方面的不平等倾向，如社会地位和财富、发挥政治影响的能力以及利用可得到的机会的能力。"罗尔斯通过社会成员之间平等的表象，抓住了社会不平等的本质和深层原因，找到了解决社会不平等问题的主要方法。②

在马克思主义经济学中，公平感与以生产关系为基础的制度密切相关。马克思主义公平观基于历史唯物主义的哲学基础，认为公平随着社会历史条件和物质环境改变而改变，并且公平的本质应在社会生产关系中得以实现，这就要求我们准确把握时代的特点和生产力标准，

---

①　约翰·罗尔斯：《作为公平的正义》姚大志译，上海：上海三联书店，2002：11-13.

②　赵苑达：《西方主要公平与正义理论研究》，北京：经济管理出版社，2010：93，142.

在社会生产实践中具体问题具体分析。①恩格斯在《反杜林论》中指出，"一切人，作为人来说，都有某些共同点，在这些共同点所及的范围内，他们是平等的，这样的观念自然是非常古老的。但是现代的平等要求与此完全不同；这种平等要求更应当是从人的这种共同特性中，从而就他们是人而言的这种平等中引申出这样的要求：一切人，或至不是一个国家的一切公民，或一个社会的一切成员，都应当有平等的政治地位和社会地位。要从这种相对平等的原始观念中得出国家和社会中的平等权利的结论，要使这个结论甚至能够成为某种自然而然的、不言而喻的东西""平等的观念，无论是以资产阶级的形式出现，还是以无产阶级的形式出现，本身都是一种历史的产物，这一观念的形成，需要一定的历史条件，而这种历史条件本身又以长期的以往的历史为前提。所以，这样的平等观念说它是什么都行，就不能说它是永恒的真理"。②

制度公平作为中国特色社会主义制度的本质要求和优越性体现，反映了以人民为中心的发展思想和马克思主义经济学的根本立场。同时，制度公平属于随生产方式发展而发展的历史范畴。中国特色社会主义进入新时代，深化经济体制改革，促进效率和公平的统一，要把促进社会公平正义、增进人民福祉作为一面镜子，审视我们各方面体制机制和政策规定。③那么，公平作为制度创新的基本遵循，它通过影响分工与协作的行为方式与绩效来反映制度的适应性效率。在分工与协作的公平制度环境中涉及分工主体在平等竞争及其监管、市场进

---

① 王传峰：《马克思的公平理论及其时代价值》，《求实》2010（3）.

② 《马克思恩格斯选集》（第 3 卷），北京：人民出版社，2012：480，484.

③ 习近平：《习近平谈治国理政》，北京：外文出版社，2014.

入与退出等方面的机会公平、权利公平等机制、体制与制度。公平本身作为非正式制度，它通过影响正式制度安排。公平本身作为非正式制度，它通过影响正式制度安排和制度环境建设，探寻分工与协作主体在资源平等分布、市场进入与退出等方面的不公平来源，对分工与协作中的机会公平、权利公平等公平要求与标准，体现制度安排、制度环境及其协同机制的制度保障作用。在产业协同创新的生产关系制度层面，系统制度结构和制度环境应能体现或提升联盟主体分配公平、程序公平、互动公平。

三、产业协同创新制度分析的复杂性视角

社会经济系统作为复杂系统，采用系统科学整体性的分析方法，能够全方位和多角度客观揭示社会经济系统运行的规律。事实上，《资本论》就蕴涵着丰富的系统思想和系统思维。所谓系统思想，其实就是"系统"概念的哲学概括。辩证唯物主义认为，一切事物、过程和整个世界都是由普遍联系和相互作用的事物和过程所形成的统一的有机整体，即系统。这种把世界看作是普遍联系的整体性思想就是系统思想，也是局部和整体辩证统一的思想。其统一性表现为整体由各局部构成，整体的性质综合反映了局部的性质，但整体并非简单由各局部之和构成。系统思想成为辩证唯物主义的组成部分。[①]

产业协同创新制度分析引用复杂系统理论、以系统思维分析其制度演化是在马克思主义制度分析整体框架下进行的。由于自然界中没

---

① 程恩富：《经济学方法论》，上海：上海财经大学出版社，2002：572-592.

有制度，制度都具有反映人们彼此之间社会关系的社会性，体现为社会中的制度，属于社会历史范畴。因此，系统论作为自然科学的方法论，在运用于复杂经济制度系统分析中，除要借鉴与引用复杂系统的基本的规律，如包括结构性和层次性分析的整体性分析、反映系统演化动力的协同性分析等，还需要以马克思主义辩证唯物主义和历史唯物主义为哲学基础和方法论指导。也就是说，系统分析方法在应用于社会经济系统中需要再进一步抽象，从哲学社会科学方法论中探寻其中包括的一般性，然后再从一般到特殊，进而探究基于哲学方法论的政治经济学方法研究。正如刘永佶在《中国政治经济学方法论》一书中所言，他在 20 世纪 90 年代曾用近一年时间学习思考现代系统论，试图从中探求充实政治经济学方法的内容，但很快发现不可能直接将其应用于政治经济学方法论，于是从哲学辩证法对之进行概括，同时，关于系统性、结构与运行机制等内容的汲取也充实了对辩证法的认识。[①]

　　如果基于新制度经济学的制度分析框架并试图运用系统科学理论分析制度演化，那么新制度经济学的代表人物诺思对于制度如何变迁给出的五个命题分别是：竞争是制度变迁的关键；由于竞争迫使个人和所在组织不断对技能和知识进行投资，进而会逐渐地改变制度；与前两方面相关，制度框架提供了激励，促进对技能和知识的投资，进而技能和知识的投资与制度变迁密切相关；人们的感知是做出选择的关键；范围经济、互补性和制度矩阵的网络外部性使得制度变迁具有巨大的增量特征和路径依赖特征。[②]此外，如果从演化博弈理论来解

---

①　刘永佶：《中国政治经济学方法论》，北京：中国社会科学出版社，2015：102.

②　道格拉斯·诺思：《理解经济变迁过程》北京：中国人民大学出版社，2013：55.

释制度变迁，另一位制度经济学家青木昌彦虽然认同制度变迁的博弈均衡观点，但他曾指出，那些持有制度变迁的演化博弈论分析方法的专家们，明显地把制度起源与变迁当成是"自发的秩序"或者是自组织性质的自发演化。这是建立在子博弈完美均衡，即人体参与者对于认识其决策与他人决策之间的反馈机制方面具有完全演绎推理能力。进而青木昌彦指出，博弈论对于分析制度起源与变迁提供了一种强有力的分析工具，但是它不能给出一种具有完全解释力的理论与方法，特别是在具有多重均衡的情况下参与决策的个体如何促进并选出战略一致的制度。因为在制度分析中，想了解制度主体为什么选择某一均衡而非其他，不仅需要充分利用比较的和历史的资料，也要运用相应的归纳与推理以及人类的认知。①

（一）产业协同创新制度系统的复杂性分析

产业协同创新制度系统中的复杂性来自分工与协作过程中制度主体主动对不断变化的系统内外环境的适应性，符合美国圣塔菲研究所于 1994 年由霍兰（Holland）所提出复杂适应系统理论（CAS 理论）的核心观点。霍兰认为，一个普适性的 CAS 具有个体聚集性、非线性、流和多样性四个特征，并存在个体与环境交流相应机制。通常这种系统复杂性一般来源于系统规模、层次结构、开放性、非线性与不确定性等因素。产业协同创新制度系统涉及产学研等制度主体，这就决定了其具有比较复杂的相互作用和相互制约的关系。制度主体在并行地作出决策过程中，不仅要考虑过去和当前的状态，还要考虑其他

---

① 科斯，威廉姆森：《制度、契约与组织——从新制度经济学角度的透视》，北京：经济科学出版社，2003：21-22.

主体的行为，整个系统的行为是因这些主体间存在相互竞争与合作部分的相互作用，这样一系列的呈网络化的彼此作用与反作用就会产生复杂性。具体而言则涉及各参与协同创新的制度主体之间、产业内外创新资源以及制度要素之间的非线性作用关系，此外这种整体功效的发挥还在于与制度环境间的相互作用关系。

1. 产业协同创新制度系统成员结构的复杂性

产业协同创新制度系统成员结构的复杂性首先源于构成成分的多样性，主要指制度主体异质性及其数量与地位的不同。从纵向来，协同创新可以涉及产业链上的上、中和下游企业。从横向来看，协同创新又涉及产业内外存在竞争与非竞争关系的企业、高校科研机构以及相关金融机构、中介机构以及行业协会和政府部门等。在协同创新过程中，成员企业的地位存在事实上的不同，那些起主要作用的制度创新主体对协同创新稳定和发展演化起着至关重要的地位。从而，这种复杂性又体现为产业协同创新制度系统成员间关系的多样性，即从纵向来看，成员之间的关系有供应关系；从横向来看，成员之间的关系有竞争与合作关系；从环境来看，成员之间的关系有服务关系。

其次，对于产业协同创新制度系统成员结构的复杂性，其制度主体间协同创新的连接形式的多元性亦成为其重要来源。这些连接形式以多种方式呈现，如可通过契约连接，也可通过资本连接、技术连接以及文化和信息连接。既可以以多种方式存在也可以以单一方式存在。联盟成员间共同出资建立合资公司或相互持有成员企业的股份，是以资本连接形式存在的主要表现，因为以资本为纽带连接，因此建立起来的分工与协作关系相对来讲比较持久。非股权联盟是契约连接的主要形式，这是一种成员各方根据契约达成的成本相对比较少而且又较为灵活的联盟关系。以技术连接形式存在主要表现在创新主体间的技术研究资源互补或共同研发新技术、新产品，即创新成员依据各自在技术能力方面的专业化分工与专长来进行分工与协作，如技术转让和知识转移等。以文化连接形式存在则主要表现在对各自文化差异认同的基础上，建立分工与协作各方共同认可的文化融合模式，使之对协同创新产生积极的作用。以信息连接形主要是在协同创新的制度主体间建立完善的信息网络，进行制度效度的信息集成和反馈。

2. 产业协同创新制度系统环境的复杂性

产业协同创新制度系统作为整个社会制度体系内部的一个子系统，从制度层面其存在要受到这一制度系统环境的影响、制约和支配，同时其本身又对系统环境具有耦合作用，在相互作用的制度环境发挥其系统整体功效。另一方面，除了社会制度环境，周围环境还包括与协同创新制度系统有关的如自然界、国内外经济发展走势、经济全球化的机会与挑战、技术创新与研究以及顾客需求等总体环境。这些因素的存在使得产业协同创新制度系统处于复杂、多变、不确定的环境中，环境与协同创新制度的关系从而变得十分复杂，产业协同创新制度系统必须在这种与环境之间彼此相互作用的关系中，对环境的变化做出反应。产业协同创新制度系统要按照一般系统论的多样性原则，要求其组织内部调节机制必须和环境复杂性上匹配，不匹配则出现问题，同时要通过其制度系统构成要素间的非线性作用关系，加强制度系统对复杂环境的适应能力。

从制度经济学角度，产业协同创新在分工与协作过程中，制度建构的主要目的不仅仅在于降低交易成本，其主要动力在于发挥创新所创造的价值。由于分工与协作的整体趋势是增加其系统复杂性的，而系统稳定性和其复杂性在某种程度上存在此消彼长的关系。[①] 产业协同创新制度系统作为产业协同创新的子系统，其演化与发展同样具有非线性、非平衡和非稳定的态势。

（二）产业协同创新系制度系统序参量演化稳定性与协同机制

协同是系统演化的基本动力，是系统整体性和相关性的内在表现。市场经济中微观组织之间的合作与竞争，是一种真正意义上的哈肯式的协同学的演化过程，通过企业间的相互作用与相互影响，使各企业获得更好的发展和竞争优势。[②] 由于产业协同创新制度系统具有一定程度的复杂性，一方面体现为制度系统要素间及系统与环境间的非线性作用，另一方面体现于其制度系统规模复杂性、系统层次结构复杂性和开放复杂性程度等方面。复杂作用关系可产生制度系统效率和公平方面问题，包括产业协同创新制度系统内部环境问题、交易成本问题、利益分配问题、知识、技术转移障碍问题以及创新主体公平感等问题。而产业协同创新制度系统外部环境问题则包括产业协同创新的政府定位问题、融资渠道问题、不同所有权性质企业市场准入问题等。在产业协同创新制度的全局性、强制性与其系统自组织的盲目性、自发性会产生冲突与矛盾中，可能会产生负面复杂性，产生产业协同创新的制度缺陷。为克服或抑制这种由系统复杂性所带来的动荡性，产业协同创新系统需要具有某种有效的机制或控制力量，用以分配资源、调整关系和化解矛盾，在决定系统演化的序参量的控制力下不断地解

①　陈平：《文明分岔、经济混沌和演化经济动力学》，北京：北京大学出版社，2004：467.

②　吴彤：《自组织方法论研究》，北京，清华大学出版社，2001：49，64.

决或协调，从而为制度向更高级的方向演化发展带来机会，而制度系统协同机制就发挥着重要的驱动作用。例如通过协同机制来协调与消减，如以信息沟通和文化协同在内的联盟关系协同机制、基于事后协商的利益协同机制等。

1. 产业协同创新制度系统演化的序参量

序参量是协同学创始人哈肯提出的概念，作为重要的变量在复杂系统演化中发挥目标指引与控制力的作用。由于在复杂系统内各子系统的状态变量很多并且彼此之间紧密相连、相互影响，但是在描述系统状态的众多变量中，一定有某一个或几个变量用于描写系统的有序程度并在系统处在无序状态时其值为零，随着系统由无序向有序转化，这类变量从零向正有限值变化，我们称其为序参量。这一概念的提出是哈肯在研究中发现，无数子系统的协同作用形成了序参量，是决定系统特征与演化的主要参理，由它在无形成协调各子系统的行为，最终始系统整体表现出宏观有序行为。由于序参量主宰着系统整体演化过程，确定序参量则成为产业协同创新制度系统演化的关键。

根据序参量原理，序参量一般具有几方面的主要特征：一是序参量表现为宏观参量，用于描述大量子系统的集体运动所产生的整体效应和系统整体行为而引入的宏观参量。二是序参量表现为微观子系统集体运动的产物以及协同效应的度量指标。当系统处于无序的旧结构状态时，众多子系统独立运动并各行其是，无法形成序参量。当系统趋近临界点时，子系统或要素由于协同行动而导致序参量出现。三是序参量具有命令、支配子系统和主宰系统整体演化的功能，子系统必须按序参量的"命令"行动。子系统与序参量命相互作为双方存在的条件，并体现自组织基本特征。四是序参量体现系统的有序程度。序参量与反映系统状态的其他变量相比，它随时间变化缓慢，有时也称其为慢变量，而其他状态变量数量多，随时间变化快，称为快变量。序参量的变化情况不仅决定系统相变的形式与特点，而且决定其他快变量的变化情况。在系统发生非平衡相变时，序参量的大小决定了系统有序程度的高低，当系统完全处于无规律和混沌态时，其序参量为零，随着条件的变化，当系统在临界区域时，序参量增大到最大值。

在马克思主义经济学视阈下，产业协同创新制度系统演化发展的序参量作为生产力标准的具体反映可体现为提高产业技术创新能力。产业协同创新制度系统的稳定性分析不能离开分工与协作层面的协同创新，它不是一个孤立的子系统。马克思在《政治经济学批判》导言中，认为生产总是与一定历史时代社会发展阶段及社会个人联系在一起的。[1] 因此，对于生产方式而言，就是经济社会形态意义上的社会生产方式，离不开在生产关系方面来研究一个特定社会的物质生产。同样，离开一定社会发展阶段上的社会生产方式的分析，生产关系的分析就无从下手。[2] 在马克思主义经济学中，具体生产力标准就是成本与收益比较的标准。马克思对包括微观在内的具体制度分析都是从创新主体的成本与收益相比较出发的。对于制度创新的这一生产力标准，无论是从劳动创造价值还是从生产力纵深发展的角度看，技术创新都是其直接的推动力，而技术创新能力又是关键。

中国特色社会主义进入新时代，在新发展理念指引下，创新是引领经济发展的第一动力。当前，世界经济的增长与发展更多依赖于理

---

① 《马克思恩格斯选集》（第 2 卷），北京：人民出版社，2012：685-686.

② 赵学清：《马克思〈1857—1859 年经济学手稿〉研究读本》，北京：中央编译出版社，2017：163，165.

论、制度、科技、文化等领域的创新，不同市场、区域之间的竞争也越来越呈现创新能力的竞争。在总体上，我国在一些关键的产品核心技术方面，仍然在某种程度上呈现受制于人的局面，实现产业技术创新能力快速提升的科技储备尚具有很大的发展空间，一些传统产业还处于全球价值链的中低端。[①] 目前，对于我国产业组织的技术创新能力而言，与发达国家相比依然存在较大差距，尚存在制约其能力提升的多方面问题。其中，一些核心技术和装备还主要依赖进口，科技成果在实现现实生产力转化方面还存在具体机制和制度的有效对接；一些研发成果可能还处于止步于实验或调试阶段的状态，进而从产业经济的角度来看其科技贡献率就较低；企业技术创新投入较低，组织机制尚不完善；产业内外组织间协同创新模式在一定程度上缺少战略规划并且组织形式也较为单一，战略协同机制较为缺乏；由于在具体的沟通机制或信息共享机制的建设方面，动力机制不足，使群里产业组织各方对于共性的、关键性的技术，还缺少充足的研发积极性。

产业协同创新以提高产业组织技术创新能力为目标，在产业协同创新适应性制度结构的作用下，产业组织技术创新能力的提升和技术进步会产生整体协同效应，又会在宏观层面和微观层面调整产业协同创新的制度安排方式。这种动态的制度演化或者技术创新，在产业协同创新的发展中可能会产生新的复杂性问题及其所引发的制度安排的变化。因此，产业协同创新制度系统演化发展的序参量在马克思主义经济学视阈下，作为生产力标准的具体反映可体现为技术创新能力。按照工业和信息化部关于《产业技术创新能力发展规划（2016 —

---

① 习近平：《习近平治国理政》（第二卷），北京：外文出版社，2017：203.

2020 年）》的要求，推动产业技术创新能力发展是贯彻落实中央关于加快转变经济发展方式、推进工业化和信息化深度融合的重要手段，是实现制造强国战略的重要抓手，也是推动产业结构迈向中高端、培育战略性新兴产业的关键支撑。根据中国国家统计局在 2005 年发布的《中国企业自主创新能力分析报告》，潜在技术创新资源、技术创新活动、技术创新产出能力和技术创新环境成为企业自主创新能力的一级评价指标。而近年来相关研究文献也主要以此为重要分析依据，从资源投入能力、执行能力、成果产出能力和环境支撑能力等方面对产业技术创新能力进行评价研究。

提高技术创新能力成为产业协同创新制度系统演化的序参量，可根据序参量原理对其进行判断。首先，技术创新能力作为系统宏观参量，体现了产业协同创新制度系统与外界相互作用的属性与功能，而微观参量则是系统内部的子系统的运动模式。其次，技术创新能力是产业协同创新制度系统要素集体运动的产物。技术创新能力的提升不是由单个创新主体自己来完成，而是基于成员间核心能力互补、共同创造顾客价值。在提升技术创新能力的驱动下，产业协同创新制度系统凭借有序的制度结构，最大效率地发挥协同创新效应。第三，提升技术创新能力是产业协同创新组建的目的，对产业协同创新及其制度系统的演化起主宰作用。

2. 产业协同创新制度系统序参量演化方程

建立产业协同创新制度系统序参量演化方程，主要目的是为通过分析反映产业协同创新制度系统有序度的状态变量和控制系统演化的控制参量的关系，建立制度系统的自组织演化模型。系统的自组织模型也称系统演化模型、动力学方程或演化方程，主要指能反映系统有序结构形成的自组织过程并能深刻刻画系统本质的数学模型。

哈肯把自组织在一定外部条件下由内因驱使系统发生演变的过程用数学形式进行描述，给出了哈肯模型：

$$\frac{dq_1}{dt} = -\lambda_1 q_1 - \alpha q_1 q_2 \qquad （4-1）$$

$$\frac{dq_2}{dt} = -\lambda_2 q_2 - b q_1^2 \qquad （4-2）$$

式中 q_1，q_2 是状态变量，假定 q 在短时间内是时间 t 的函数。λ_1，λ_2 是阻尼系数，代表一种耗散机制的强度，反映 q_1，q_2 的相互作用强度．设 $\lambda_2 \gg \lambda_1$，则表明状态变量 q_2 是迅速衰减的快变量，因而可以采用绝热近似，令 $q_2 = 0$，从式（4-2）可得：

$$q_2(t) = r_2^{-1} b q_1^2(t) \qquad （4-3）$$

把式（4-3）代入式（4-1）可得：

$$\frac{dq_1}{dt} = -r_1 q_1 - \frac{ab}{r_2} q_1^3 \qquad （4-4）$$

对于式（4-4），由

$$\frac{dq_1}{dt} = -\frac{\partial V}{\partial q_1}$$

将（4-4）式代入（4-3）式，q_1 也就决定了 q_2，这里，阻尼小、寿命长的状态变量 q_1 称为序参量，它主宰着系统的演化，这里，产业协同创新制度系统序参量 q_1 为技术创新能力的提高。

解出势函数 V 如式（4-5）所示：

$$V = 0.5 r_1 q_1^2 + \frac{ab}{4r_2} q_1^4 \qquad （4-5）$$

本文将式（4-4）回归并变换成非简谐振动方程的形式。设 a 为产业协同创新制度系统演化的控制参量，由制度系统协同机制作为非线性控制力和维持各子系统原有状态的控制力共同决定的，令 $\alpha=-r_1$，$\beta=ab/r_2$，用 $\Gamma_1=(t)$ 表示随机涨落力的作用，则将式（4-4）修改为式（4-6）并形成产业协同创新制度系统序参量演化方程。

$$\frac{dq}{dt} = \alpha q - \beta q^3 + \Gamma(t) \tag{4-6}$$

3. 产业协同创新制度系统序参量演化的稳定性与途径

产业协同创新制度系统序参量演化方程解的稳定性，与序参量演化的不同途径以及制度系统协同机制密切相关。根据自组织原理，稳定性是系统的重要维生机制，稳定性越强，意味着系统的维生能力愈强。从实用角度来看，只有满足稳定性要求的系统，才能正常运转并发挥功能。作为一种动力学特性，系统理论关心的首先是轨道的稳定性，亦即演化方程解的稳定性。

令（4-6）中的 $\Gamma(t)=0$，即考虑含有单参数 α 的系统演化方程，而 q 则为上节中所求得的产业协同创新制度系统演化的序参量，形成如下演化方程：

$$\frac{dq}{dt} = \alpha q - \beta q^3 \tag{4-7}$$

式（4-7）的不动点方程为：

$$\frac{dq}{dt} = 0, \ \ 即\ \alpha q - \beta q^3 = 0 \tag{4-8}$$

引入对称的概念并对式（4-4）进行变换，即令式（4-4）中的 $q_1 \rightarrow -q_1$，用 $-q_1$ 代替 q_1，则得到式（4-9）方程，且式（4-4）对于 $q_1 \rightarrow -q_1$ 保持不变，其势函数 V 也保持不变。

$$-\frac{dq_1}{dt} = -r_1(-q_1) - \frac{ab}{r_2}(-q_1^3) \qquad (4-9)$$

综合以上分析，得到式（4-7）的如下演化分岔图：

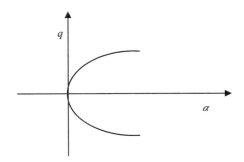

图4.1　产业协同创新制度系统序参量演化图示

$q_1=0$，$q_2=+\sqrt{\frac{\alpha}{\beta}}$，$q_3=-\sqrt{\frac{\alpha}{\beta}}$ 当 $\alpha < 0$ 时，只有一个实数解 $q_1=0$，说明产业协同创新制度系统处于稳定平衡态。当 $\alpha > 0$（$\beta > 0$）时，有 3 个不动点：

$$q_1=0, \quad q_2=+\sqrt{\frac{\alpha}{\beta}}, \quad q_3=-\sqrt{\frac{\alpha}{\beta}}$$

此时的 q_1 为不稳定点，q_2 和 q_3 为稳定点。由图4.2，$\alpha=0$ 为分岔点，当 α 从负向增大而跨过这一点时，系统由一个定态变为 3 个定态，定态 $q_1=0$ 由稳定变为不稳定，标志着系统定性性质改变了。当控制量 α 从左向右越过分岔点，随着 α 不断增大，原来的稳定态失去了稳定性而成为不稳定态，新的稳定态形成上下对称的两个分支。

对于产业协同创新制度系统演化的序参量 α，本文设 M 代表其制度系统演化的非线性控制力量即协同机制，N 代表维持各子系统原有状态的控制力量。产业协同创新制度系统序参量演化方程（4-7）可用下式表达：

$$\frac{dq}{dt} = (M - N)\, q - \beta q^3 \qquad\qquad （4-10）$$

对该方程进行分析：

1. 当 $M-N < 0$，即 $\alpha < 0$，制度系统控制参量小于零，$q_1=0$，制度系统尚处于稳定状态。说明新投入的改变原有状态的协同非线性控制力 M 很小，不足以使原状态发生跃迁，系统有序状态处于较低层次上，由于系统恢复力的存在，维持系统的原有状态。

2. 当 $M-N > 0$，即 $\alpha > 0$，制度系统控制参量大于零，原有制度系统结构变为不稳定结构，系统出现分岔，说明新投入的改变原有状态的协同非线性控制力量 M 很大，使原有的系统状态变得不稳定并转向新的稳定有序的结构，即图 4.1 右侧中两个平衡点。从总体上看，这种演变出现两种情况：第一种情况，产业协同创新制度系统技术创新能力的变化体现为正，在图 4.1 中表现为对应于原点右侧上方分支稳定态时的序参量值，此时制度系统各子系统及组成要素在系统协同机制的作用下形成整体的正向合力，制度系统演化发展。第二种情况，产业协同创新制度系统技术创新能力的变化体现为负，在图中表现为对应于原点左侧下方分支稳定态时的序参量值，说明制度系统在协同机制的作用下并没有产生正向协同效应。

通过对产业协同创新制度系统序参量演化的稳定性与途径分析，可以得出这样的结论，虽然在产业协同创新制度系统演化中，提高技术创新能力做为序参量主导制度系统演化，但是由于序参量的形成动因来自系统内部，当众多子系统构成的系统处于无序初始状态时，序参量不能发挥作用。只有当系统接近临近点时子系统在协同机制的作用下产生非线性协同关系，才能使序参量形成并发挥控制力作用。

由于系统结构决定其整体功能，产业协同创新制度系统的协同机制为其制度结构的演进奠定重要基础。在供给侧结构性改革的发展背景下，为适应生产力发展和技术创新能力不断提升的要求，产业协同创新主体不断对其制度系统结构进行调整并促使其演化发展。由于产业协同创新制度系统存在非线性机制，当系统出现随机事件，例如，如果有新的联盟成员加入或退出，或者产生了某项新技术或新产品以及联盟的成员结构发生重组等，可凭借这种非线性的作用机制对所发生的事件进行一定程度的控制。如果所发生的事件有利于产业协同创新制度的演化发展，则可能被放大并且在系统内产生整体涌现的特点与结构，在制度系统中发挥并具这种功能的则是系统协同机制。在协同机制的作用下，当制度系统内部出现的涨落对原有结构的冲击低于临界状态，则涨落回归，强化原有制度结构；而当这些涨落超过了临界状态，则系统原有结构便失去稳定形成分岔，出现制度结构的跳跃性。当参与协同创新的成员企业率先在某种技术上做出了开拓性的工作，会对整个协同创新系统产生影响，从而引起一系列的商业机会，进而可能实现产业协同创新制度结构的整体发展与变化。为实现提高产业技术创新能力的战略目标，产业协同创新的制度系统自身要通过协同机制不断地优化，动态地促进资源在市场导向下优化整合。

需要说明的是，虽然产业协同创新以提高产业技术创新能力为目标，但是这一目标的实现或协同创新的演化发展，是以协同创新各方创新资源、能力的互补以及创新能力的共同提升为依托。在由产业组织和大学共同组建的技术创新联盟中，企业凭借其资金、设备和市场等方面优势参与、支持共同研发，在促进企业产品和技术升级的过程中，提升自身技术创新能力；大学作为创新主体之一，本着自身在国家发展中的定位，着重于人才培养、理论研究和研发，在协同创新的分工与协作中负责为技术创新提供理论、实验和数据等支持，通过合作的科研项目培养创新型人才、获取科研经费、提高研究成果的产出质量，同时在协同创新的过程中不断提升自身的技术创新能力，体现1+1>2 的协同创新效应。[1]

---

[1] 李新男，张杰军：《产学研合作创新组织模式比较研究》知识产权出版社，2014：55.

第四章　产业协同创新制度分析范畴与制度结构

对产业协同创新进行制度分析，首先要确定其制度分析范畴和制度结构，并要明确组织与制度的区别和联系。目前，产业协同创新的制度演化研究之所以主要体现为"机制"或"模式"研究，缺少"制度"的专项研究，一个重要原因在于长期以来由于存在不同的制度经济学派，对于制度分析的范畴、特别是对制度是否包括组织这个问题始终没有明确并且存在相当的难度。

一、演化经济学中的制度分析范畴

经济学制度分析除了对于制度没有形成统一的概念外，对制度分析对象本身的规定性及其边界的准确把握也是需要面对的困难。从制度演化的角度来看，制度分析范畴不同于制度结构。如果基于演化经济学并回归到引入经济学的"演化"这一生物学术语，通常会涉及制度演化是产生于系统内还是系统外的内生性或外生性问题，既引致制度变迁的变量是在系统内还是系统外。[①] 制度演化的内生性主要指制度通过渐进式反馈与调整来演化发展，体现为随经验而来的规则，如

---

① 杰弗里·M. 霍奇逊：《演化与制度——论演化经济学和经济学的演化》，任荣华等译，北京：中国人民大学出版社，2017：142.

习惯、伦理道德和习俗等。在此方面，青木昌彦基于演化博弈论认为制度的起源是内生的，制度是人类为了对付复杂环境而必然产生的结构，并不是人的有意设计而是适应环境进化的结果，既在缺少第三方力量的作用与影响下，群体内分散的个体通过相互协调而形成制度。这个第三方力量按照诺斯的解释，政治组纪念品作为第三方且在其动用强制力量来监督与实施契约方面存在巨大的规模经济效应，但其中要害的问题三地"如何才能让国家像一个不偏不倚的第三方那样行事"。[1] 制度演化的外生性主要指制度不是自然演化而来，而是由统治共同体的政治权力机构自上而下地设计并强加于社会会计诸实施的，如各种法律法规和政策等。[2] 实际上，作为社会经济系统，单纯强调制度演化的内生性或外生性都是片面的，开放系统的思想是更恰当的。尤其对于社会经济制度系统而言，其制度分析的外部边界并不是绝对地存在或者是不明确的，原于系统在与其所处环境的相互作用中并不是也不可能封闭的。有一些情况下，系统处于与环境相互渗透、相互交流的动态状态，因为系统要建立一个活的有序结构，就必须不断地与外界的物质、能量和信息进行交换。可以说，是系统外界输入的渐增激励着非稳定性或一种新的状态的出现，当这种输入达到一定阈值时，意味着系统的非稳定性已经达到临界状态，为系统达到一个新的有序状态做准备。[3]

　　虽然系统是开放的并且边界具有不确定性，但并不意味着与环境

---

① 道格拉斯·诺思：《制度、制度变迁与经济绩》，杭行译，北京：格致处出版社，2014：8.

② 黄少安：《现代经济学大典（制度经济学分册）》，北京：经济科学出版社，2016：35.

③ 吴彤：《自组织方法论研究》，北京：清华大学出版社，2001：38-40.

无法区分。基于系统科学理论，"从事物相互联系的观点看，任何系统都是从环境中相对划分出来的。在科学层面上，首先应当承认系统与环境划分的确定性，系统内部与外部差别的确定性，但这种确定性有程度的不同，系统与环境的划分有相对性。对于具有明确边界的系统，可以不考虑这种划分的相对性。对于边界不明确的系统，考虑这种相对性是必要的。这时，可以把系统定义为：按照所关心的问题，从千丝万缕、互相联系的事中相对孤立出来作为研究对象的一部分事物"。①

因此，对于经济制度系统分析，其与环境间的边界具有不确定性，但还是有区别于环境或其他系统的系统特征和系统结构。这也成为本课题中，产业协同创新制度分析范畴与制度结构确定的重要科学依据。

二、新、老制度经济学中的制度分析范畴

（一）新制度经济学的制度分析范畴

新制度经济代表人物诺斯认为制度是博弈的规则，组织是博弈的参与者。进一步而言，制度是人类自身给人们之间的交互作用施加的约束，规定着社会的激励结构。组织是由具有某些相同目标的个人共同组成，体现并反映社会组织的结构、治理和政策。个人虽是组织的参与者，但是能够做出决策以改变博弈规则。②组织与制度是相互依存与协同演化的关系，两者间的交互作用形成了制度变迁。组织等参与人作为制度变迁的行为主体，是规则的制定者并确定组织交易和

---

① 许国志：《系统科学》，上海：上海科技教育出版社，2000：24.

② 道格拉斯·诺思：《理解经济变迁过程》中国人民大学出版社，2013：57，58.

创新的激励机制，最终在相对价格变化的影响下对新规则产生新的需求。对于制度的层次，诺斯将制度分为正式制度、非正式制度以及制度的实施特性。正式制度包括法律、规章和契约等，非正式制度包括习惯、伦理规范和行为准则等。威廉姆森将制度划分为四个层次且彼此关联，即文化、宗教、道德等文化和社会基础制度、基本制度环境、治理机制和短期资源分析制度。[①] 阿兰·斯密德从行为经济学角度将制度划分为宪法和政治层次、个人和组织的日常层次、组织内部层次。

不同于将组织纳入制度的广义制度观，诺斯对制度和组织进行了划分。制度表现为一定的规则和约束，以组织间彼此作用的方式存在。而组织作为利益主体和参与博弈的局中人，既是受规则约束的行动者同时也是规则的制定者。组织与制度是相互依存与协同演化的关系。此方面，在科斯和威廉姆森等人的著作《制度、契约与组织——从新制度经济学角度的透视》一书中，列举了一个美国农业合作社的案例，体现了制度与组织的关系。作者在书中指出，合作社是世界农业体系中突出的商业组织形式，在美国农业和食品行业中，合作社存在以契约形式进行完全纵向协作的情况，并且通过实证分析可得出与股权相关的结论，即美国农业合作社的产权结构对社会在组织内投资的激励影响比较大。[②]

---

① Williamson.《The new institutional economics：taking stock，looking ahead》.Journal of Economic Literature，2000（38）：595-613.

② 科斯，威廉姆森：《制度、契约与组织——从新制度经济学角度的透视》，北京：经济科学出版社，2003：397-398.

（二）老制度经济学的制度分析范畴

老制度主义学派以及其后与其一脉相承的现代发展流派，强调个人行为是社会制度环境的产物并受制于习惯、礼俗、法律等制度。凡勃伦认为"制度实质上就是个人或社会对有关的某些关系或某些作用的一般思想和习惯"[①] 当代制度经济学代表人物霍奇逊（2015）则除了认为制度是惯例、道德准则和正式法律等规则体系外，还将企业、大学以及国家机构等组织界定为制度的一种特定类型，理由是组织包括结构也必然存在规则，因而必然属于一种特定类型的制度。

三、马克思主义经济学中的制度分析范畴

马克思虽未给予制度以明确的定义，但在其制度理念中，经济制度是一定生产力水平下约束人们经济行为的基本规则（顾钰民，2005）。由经济基础和上层建筑所构成的层次分明的社会制度结构体系，广泛地包含了生产关系层面的经济制度和上层建筑层面的与经济制度相适应的意识形态以及政治、法律等制度体系（李省龙，2003）。其中经济制度具体可以划分为社会基本经济制度、经济体制以及各项具体经济规章制度三个层次，这三方面的制度彼此影响并分别从不同层面作用于社会生产力（程恩富，2009）。也就是说，马克思主义经济学制度分析是在生产力和生产关系、经济基础和上层建筑之间互相作用的整体联系和内在辩证关系中研究经济制度，就其制度范畴而言亦完全可以融合新制度经济学所提出的正式制度、非正式制度以及机

---

① 凡勃伦：《有闲阶级》，北京：商务印书馆，1964：139.

制等制度内涵。

对于生产组织与生产关系间联系的分析，根据马克思在《资本论》德文版第一版序言中的原文"我要在本书研究的是资本主义生产方式以及和它相适应的生产关系和交换关系"①。吴易风（1997）区别于对于生产方式作为生产力和生产关系统一的传统理解，提出在马克思那里存在"生产力－生产方式－生产关系原理"，并认为生产方式是生产力与生产关系的中介。在此基础上，可以将生产方式界定为占有剩余劳动的生产活动，生产力和生产关系通过并以实现生产方式的方式相联系，从而生产方式作为劳动与分工的特定组织方式，劳动与分工的组织必将受到生产关系等制度因素的制约。而且，马克思在阐述社会主义生产时指出"现代资本主义生产方式所造成的生产力和由它创立的财富分配制度，已经和这种生产方式本身发生激烈的矛盾""旧的生产方式必须变革，特别是旧的分工必须消灭，代替它们的应该是这样的生产组织"，认为在"这样的生产组织"中存在生产劳动成为解放人的手段的生产关系。

进而，从生产关系适应生产力发展角度来看，在生产力的发展中，生产技术的进步与变化会引起生产组织的变化，而生产组织的变化又会导致人们在生产中的生产关系的变化，从而促使经济制度的演化与变迁。马克思在《1857–1859 年经济学手稿》中举例并指出"由于生产力提高一倍，以前需要使用 100 资本的地方。现在只需要使用 50 资本，于是就有 50 资本和相应的必要劳动游离出来；因此必须为游离出来的资本和劳动创造出一个在质上不同的新的生产部门"，在这

---

① 《马克思恩格斯选集》（第 2 卷），北京：人民出版社，2012：82.

种"新的生产部门""资本和劳动的比例又以新的形式确立起来""与
之相适应的是需要一个不断扩大的日益丰富的体系"。[①]

因此我们可以理解为，人类以发展生产力为目的并采用某种组织
形式从事生产活动，随着生产方式的演进而形成与其相适应的生产关
系（经济制度），从这个意义上而言，组织作为生产活动的场所或形
式应区别于制度。

在马克思主义经济学中马克思从未脱离生产组织而孤立地谈论分
工，这反映了一方面是加总的微观层面社会分工与协作促进了社会经
济增长，另一方面社会生产力和分工的发展会带来经济组织的分化与
整合。战略联盟、虚拟企业、产业集群、产学研协同创新等企业网络
分工及其与"互联网＋"的融合则体现了社会分工的当代演进与发展。

四、产业协同创新制度分析范畴

产业协同创新制度分析的首要问题是在界定产业协同创新内涵的
基础上，确定其制度分析范畴。也就是说协同作为一种过程，从微观
上是通过协调对象组织、对象本身、对象交互进行控制这种合作行为，
来达到合作目的。协同是系统整体性、相关性的内在表现。

协同的概念主要源于系统论，德国物理学家哈肯（Haken，1971）
先后于 1977 年和 1983 年发表《协同学导论》和《高等协同学》，协
同学形成比较完整的理论体系。哈肯认为，协同就是系统中诸多子系
统的相互协调的、合作的或同步的联合作用、集体行为。一个由许多

---

① 《马克思恩格斯选集》（第 2 卷），北京：人民出版社，2012：714，715.

子系统构成的系统，如果在子系统之间互相配合产生协同作用和合作效应，系统便处于自组织状态。自组织系统演化动力来自系统内部的两种相互作用：竞争和协同。子系统的竞争使系统趋于非平衡，而这正是系统自组织的首要条件，子系统之间的协同则在非平衡条件下使子系统中的某些运动趋势联合起来并加以放大，从而使之占据优势地位，支配系统整体的演化。

哈肯提认为系统中各子系统通过相互协调、合作或同步的联合作用，所产生的 1+1 ＞ 2 效果是单个子系统无法比拟，即协同效应。随后，随后学术界逐渐将融合并发展产生了协同创新相关理论。美国学者弗里曼（Freeman）继 1987 年首次提出的"国家创新系统"理论体系后，于 1991 年指出协同创新为系统性创新的一种基本制度安排。继其后，美国哈佛大学的 Chesbrough（2003）教授解释其所提出的"开放式创新"为创新链上多种合作伙伴进行多角度动态合作的创新模式。美国麻省理工学院学者彼得葛洛在其 2006 年出版的《集群创造力：协同创新网络的竞争优势》一书中，界定协同创新是由自我激励的人员所形成的网络小组模式，并借助网络交流思路、信息等情况，合作实现共同的目标。① 陈劲和阳银娟（2012）对协同创新概念的界定并进行拓展，两位学者提出协同创新是一项复杂的创新组织方式，其关键是形成以大学、企业、研究机构为核心要素，以政府、金融机构、中介组织、创新平台、非营利性组织等为辅助要素的多元主体协同互动的网络创新模式。

本书中产业协同创新是以具有相同或相近产业背景的企业为主

———————————

① Gloor，Peter A.Swarm Creativity：Competitive Advantage through Collaborative Innovation Networks.Oxford University Press，2006.

体，联合大学、研究机构，基于彼此资源与能力的优势互补，以提高协同创新能力为目标，通过产品价值链横向或纵向环节分工与协作来优化配置、整合放大创新资源与创新行为，进行产业技术创新和科技成果产业转化。

产业协同创新的制度分析范畴不仅包括其制度系统，还涉及与其相互作用、相互联系的宏观社会制度环境，因为产业协同创新的制度系统作为开放系统，其演化发展不可能脱离与环境间的信息、能量等交流。

除了前文所述的演化经济学理论，根据自组织理论的耗散结构理论，对于复杂系统有序稳定结构的产生与演化，产业协同创新的制度系统都应不断地与外界进行物质、能量、信息的交换，才能保持其制度结构的不断改善和提高。自组织理论是研究自组织现象的理论群，它包括耗散结构理论、协同学理论、突变论、超循环理论、分形理论和混沌理论等。这些新兴学科尽管研究对象不同，但是都具有共同特征，那就是它们都是研究非线性的复杂系统，或非线性的复杂系统的自组织形成过程。[①] 耗散结构理论的耗散概念由普里高津提出，进而提出了社会经济复杂系统的自组织问题。耗散结构理论与方法起到构建自组织系统需要条件的作用，它研究系统如何创造条件走向自组织的问题，因此耗散结构方法也被定义为自组织的创造条件方法论。普利高津在将热力学和统计物理学研究从平衡态到近平衡态再向远离平衡态推进时发现，一个开放系统（不论是力学、物理学、生物学，还是社会经济系统），在到达远离平衡态的非线性区时，一旦系统的某

---

① 吴彤：《自组织方法论研究》，北京：清华大学出版社，2001：3-10，20-34.

个参量变化到一定的阈值，系统有可能从稳定进入不稳定，通过涨落发生突变，即非平衡相变。于是，由原来无序的混乱状态转变到一种新的有序状态，这种在远离平衡的非线性区形成的新的有序结构，以能量的耗散来维持自身的稳定性的结构，被普利高津称之为耗散结构。这种系统能够在一定外界条件下，通过内部相互作用，自行产生组织性和相干性，称作自组织现象，因此这一理论也被称之为非平衡系统的自组织理论。[①]

对于产业协同创新制度系统而言，无论是输入还是输出，一旦停下来则制度系统的开放程度为零，那么这种封闭的系统就意味着其制度系统将出现运行困难，制度系统的秩序或结构都将会出现问题，致使产业协同创新的内部人力、物力、财力调配发生困难，最终会走向无序。产业协同创新制度系统演化的初使基础都是依赖于这个开放的输入、输出过程。产业协同创新的制度系统要保持持续的成长和演化，必须要保持充分开放，系统才能新陈代谢和适应环境，因此成为其制度系统持续成长演化的首要条件。

产业协同创新制度系统嵌入到由政治、法律制度、意识形态和文化等构成的社会制度环境中。考虑基本经济制度系统所嵌入的宏观制度系统的整体适应性及其微观表现。在生产力与生产关系、经济基础与上层建筑的整体联系中，由生产关系总和和其派生建立、并反映一定社会经济基础的政治、法律制度和意识形态等上层建筑所构成的社会制度，为产业协同创新制度演化提供宏观制度环境，对产业技术创新能力的提高具有促进和推动作用。党的十九届四中全会审议通过的

---

① 孟琦，韩斌：《企业战略联盟协同机制研究》，哈尔滨：哈尔滨工程大学出版社，2011：25.

《中共中央关于坚持和完善中国特色社会主义制度、推进国家治理体系和治理能力现代化若干重大问题的决定》。中国特色社会主义制度是我国国家制度。[①] 中国特色社会主义制度、国家治理体系是以马克思主义为指导，这一制度和理论体系植根于中国大地，具有深厚中华文化根基、深得人民拥护、具有强大生命力以及具有巨大优越性。《决定》明确提出我国国家制度和国家治理体系具有多方面的显著优势，并对社会主义基本制度的内涵实现了重大理论创新与突破，明确提出我国国家制度和国家治理体系的一个显著优势就是"坚持公有制为主体、多种所有制经济共同发展和按劳分配为主体、多种分配方式并存，把社会主义制度和市场经济有机结合起来，不断解放和发展社会生产力的显著优势"。全会明确提出，在哲学社会科学研究的各方面，要坚持全面落实马克思主义为指导和加强制度理论研究，对于中国特色社会主义制度的本质特征以及优越性，要引导全党、全社会充分认识、坚定制度自信。

　　中国特色社会主义制度是由多种制度构成的科学制度体系，起四梁八柱作用的是根本制度、基本制度、重要制度。在马克思主义经济学视阈下，基于辩证唯物主义和历史唯物主义根本方法和系统思维的运用，特定历史阶段的生产力与生产关系、经济基础与上层建筑的辩证关系是经济学分析的基本前提，成为个人理性经济行为的整体性制约。生产力决定生产关系、经济基础决定上层建筑，由社会生产关系总和构成的经济基础与上层建筑之间存在相互联系、相互作用的社会

---

① 习近平：《坚持和完善中国特色社会主义制度，推进国家治理体系和治理能力现代化》，《求是》2020（1）.

关系整体结构，构成广泛意义上社会制度的整体层面。[①] 马克思论述社会生产关系这一相对独立的层次结构，是从社会关系整体结构中分离出来的，社会生产关系这一整体结构是其中一个有机组成部分并成为其基础。马克思主义经济学分析人的经济行为，就是在历史形成的社会经济结构（生产关系）的整体制约中进行的，因为仅仅单凭个体要素及其组成不能够形成对事物的科学认知，要依靠组成整体的要素及彼此间的作用关系所形成的结构发挥作用

在中国特色社会主义制度体系中，存在制度的部分与整体、特殊与普遍、微观与宏观对立统一的矛盾关系。作为一个整体，中国特色社会主义制度的根本性质存在于各个具体制度之中，通过具体制度体现出来。由于在经济的具体实践运行中，经济管理系统存在的矛盾反映整个社会经济系统的矛盾，是其各层次经济矛盾的具体存在和展开，也正为如此，研究具体经济管理系统的矛盾必然要将其置于更高于其系统层次的各层次矛盾之中。因此，只有从经济制度层次认知经济系统矛盾才能探讨解决问题的途径。对于中国特色政治经济学研究而言，制度层次的矛盾是核心问题。经济制度作为对所有权及其关系的规定，是基本经济矛盾和商品经济矛盾的具体存在。经济体制、经济结构、运行机制和具体经济管理制度等制度作为经济制度的具体展开，是劳动力和生产资料所派生的占有权、使用权、经营权、收益权、处置权以及管理权等存在和作用的体现。[②]

---

① 顾海良：《马克思主义经典作家关于政此经济学一般原理的基本观点研究》，北京：人民出版社，2017：50.

② 刘永佶：《中国政治经济学方法论》北京：中国社会科学出版社，2015：106，162，132.

在中国特色社会主义制度体系中，党的领导是我国的根本领导制度，是中国特色社会主义制度最大优势，也是推进国家治理体系、提升治理能力的根本保证和核心。实现中华民族伟大复兴的中国梦，其强大的精神动力之源在于坚持马克思主义在意识形态领域指导地位这一根本制度。习近平总书记明确指出，我国国家制度、国家治理体系，之所以具有多方面的显著优势，关键在于我们党在长期实践和探索中，坚持把马克思主义基本原理和我国具体实际相结合，把开拓正确道路、发展科学理论、建设有效制度有机统一起来，用中国化的马克思主义、发展着的马克思主义，指导国家制度、国家治理体系建设。[①] 中国特色社会主义进入新时代，习近平新时代中国特色社会主义思想是马克思主义中国化最新成果，是 21 世纪马克思主义，其中，以新发展理念为主要内容的习近平新时代中国特色社会主义经济思想是其重要组成部分。

在社会主义市场经济中，产业协同创新的制度分析及其对产业协同创新和产业技术创新能力提升的促进，必然要在由根本制度、基本制度、重要制度为支撑的中国特色社会主义制度体系的整体框架内实现。马克思主义认为社会生产力是全部社会生活的物质前提，中国特色社会主义进入新时代，我国社会生产力水平总体上显著提高，人民对美好生活需要的要求更高，这要求推动经济可持续和高质量发展，必须要不断完善生产关系、通守改革推动经济基础和相应的上层建筑以适应生产力发展。党的十九届四中全会会审议通过的《决定》对于基本经济制度内涵的新拓展以及推进国家治理体系现代化和治理能力

---

① 习近平：《坚持和完善中国特色社会主义制度推进国家治理体系和治理能力现代化》，《求是》2020（1）.

现代化的若干重大问题决定，反映了这一整体性特征，就是要自觉通过调整生产关系、完善上层建筑，来激发社会生产力的发展活力。[①]中国特色社会主义制度体系作为一个整体，局部的制度都要受到整体的约束。整体的规律决定整体和位于其中的个体的特征，整体规律赋予个体的属性要远比这些个体在整体之外单独获得的属性要大得多。[②]党的十九届四中全会审议通过的《决定》明确了十三项"坚持和完善"。在坚持和完善社会主义基本经济制度方面，提出要充分发挥市场在资源配置中的决定性作用，更好发挥政府作用，全面贯彻新发展理念，坚持以供给侧结构性改革为主线，加快建设现代化经济体系，同时明确提出要加快完善社会主义市场经济体制，健全推动发展先进制造业、振兴实体经济的体制机制，要完善科技创新的体制、机制，建立以企业为主体、市场为导向的产、学、研深度融合的技术创新体系。这是继党的十八届三中全会《决定》首次在党中央文件中写入要建立产、学、研协同创新机制、党的十九大提出要建立产、学、研深度融合的技术创新体系、2018 年中央经济工作会议提出要增强制造业技术创新能力以及要健全需求为导向、企业为主体的产、学、研一体化创新机制，再次体现了以不断深化产、学、研协同创新的制度创新来完善社会主义市场经济体制、推动制造业发展的国家意志和改革思维，为坚持和完基本经济制度、向治理效能转化提供了顶层设计与明确的方向，彰显了产业协同创新制度分析在基本经济制度层面的整体规定性。

---

① 习近平：《习近平总书记在纪念马克思诞辰 200 周年大会上的讲话》，北京：人民出版社，2018：17.

② 程恩富：《经济学方法论》，上海：上海财经大学出版社，2002：589.

五、产业协同创新的制度结构

产业协同创新的制度结构由按照一定规律和方式相互作用的具体制度安排、协同机制构成，形成制度经济学与系统科学双重意义上的制度结构。系统结构决定功能，同时，产业协同创新制度系统嵌入到宏观制度环境并且其功能受制度环境的影响。其中，制度安排是支配与约束市场经济主体分工与协作行为的一系列具体制度。协同机制则是根据协同学等自组织理论和系统演化的基本属性，针对不同的制度安排和制度系统环境在制度主体的主导下形成，作为系统演化的内部动力，体现制度系统内部涉及企业、政府和相关机构等制度主体之间的特殊的约束关系，如利益、知识、关系和文化等协同机制。例如知识转移协同机制就是针对协同创新主体不同程度的知识学习与吸收能力，在知识共享策略博弈的基础上不断完善；技术创新过程协同机制主要从协同创新过程的电子化流程方面进行改造与升级；利益协同机制更多的是基于事前协商的基础，在产业协同创新的制度框架基本锁定之后，动态地对新的知识产权和发明创造等形成事后的利益分配策略；关系协同机制主要是在建立产业协同创新的非正式制度方面发挥作用，在协调来自不同组织文化的协同创新主体彼此间信任、承诺和关系的基础上，与正式制度相互配合与作用。此外，针对不同的制度环境，还存在风险协同机制和退出协同机制等。

对于产业协同创新的制度安排，本书按照产业协同创新是否存在股权，以股权式或契约式非股权制度形式为主要体现。股权式制度安排以股权为纽带，分为合资或相互持股投资两种。采用合资的制度形式表现为由协同创新主体共同出资成立一家独立企业，通常各盟员拥有合资项目一定的股份持有权，并按照出资的比例分配合资企业的利润；相互持股是指协同创新主体间少量拥有彼此股份，通过股权连接而进行长期合作，可以是成员间双向的持股，也可以是单向持股。股权式制度形式的优点在于，突出协同创新主体彼此间的长期义务，使各方能够兼顾短期目标和长期目标；其缺点表现为可能会存在降低某一协同创新主体的独立性的可能，例如，如果某一合作主体持股的比例太低，很可能象征意义大于实际意义，不能起到协调联盟各方利益的应用作用。此外，股权式制度安排要求创新主体是具有法人地位的经济实体，对资源配置、出资比例、管理结构和利益分配均有严格规定，虽然转置成本较高并投资难度较大，但是有利于扩大协同创新的资金实力，增强协同创新各方彼此间的信任感和责任感，合作更能持久。

契约式制度形式是无股权参与或无资产投资的一种制度安排，更强协同创新各成员间的默契与协调，在经营上具有灵活性、自主性等特性。协同创新各成员签订合作契约，通过契约规范成员行为。契约的形式包括：技术交流协议、研发协议、购买或营销协议等、产业协调协议等。契约式制度形式不需要合作双方共同出资，而是主要通过契约来规定双方的权利义务关系。在这种制度安排下，企业一方面可以与战略合作伙伴通过契约约定战略目标的实现，另一方面，又可以根据不确定因素的发展变化来灵活选择合作还是不合作，或者改变不同的合作者。此外，契约式制度形式无须组成经济实体，也无须常设机构，结构比较松散，协作各方可根据各自的情况，在各自承担的工作环节上从事的经营活动，获取各自的收益。但是，契约式制度形式可能引发的问题也是较为普遍的，例如协同创新由于较为松散的制度约束而缺乏稳定性和长远利益目标，因此，契约式制度形式所实现的局部结合未能有效解决问题时，契约式制度形式可能就会转化为股权式制度形式。

股权式或契约式制度安排在产业协同创新的具体运作中各具特色，发挥不同作用。对此，来自中国科学技术发展战略研究院与奥地利技术研究院所组成的跨国研究团队，在对中国和奥地利产学研合创新组织模式典型案例进行比较研究后，形成研究报告并以组织模式的形式对股权式或契约式制度安排得出相关结论。其中所选择的三个中国产业技术创新盟分别是农业装备产业技术创新战略联盟、新一代煤（能源）化工产业技术创新战略联盟和钢铁可循环流程技术创新战略联盟。奥方选择的分别是奥地利机电一体化能力中心、材料工艺和产品工程综合研究中心和卡琳西亚先进传感器技术研究中心，这三个能力中心都是以合作伙伴之间的共同协议为纽带，在政府的支持计划与引导下成立独立的法人的公司，形成长期与稳定的产学研合作利益共同体。中方三个产业技术创新联盟中以新一代煤（能源）化工产业技术创新战略联盟为例，根据产业技术创新联盟官方网站对其发布的介绍，联盟目前共有 17 家成员单位，包括中国化学工程集团有限公司、清华大学、天津大学、大连理工大学、华东理工大学、中国科学院山西煤炭化学研究所、中国科学院上海高等研究院、太原理工大学、石油和化学工业规划院、中国华能集团公司、兖矿集团有限公司、安徽淮化集团有限公司、陕西煤业化工集团有限责任公司、河南煤业化工集团有限责任公司、内蒙古博源控股集团有限公司、中航黎明锦西化工机械（集团）有限责任公司、山西潞安矿业（集团）有限责任公司。中国化学工程集团有限公司为理事长单位。联盟根据当前我国能源结构和煤化工产业的现状，以具有法律约束力的契约为保障，以体制创新为主线，以产业化技术为抓手，以资源共享为核心，以实现重大技术自主创新，提高产业国际竞争力为目标，对煤化工产业产、学、研创新资源进行整合，充分发挥联盟成员各自优势，建立了长效、稳定的战略合作创新组织模式，形成了共同投入，联合开发，利益共享，风险共担的创新机制。研究团队通过研究也指出，项目所选择的中国三个技术创新联盟均采用的是契约形式下的非实体组织，形成制度化、规范化的组织形态，成为一种开放合作与交流的平台，能够发挥共同研究的优势、充分调动参与各方积极性和资源的优势。①

---

① 李新男，张杰军等：《产学研合创新组织模式比较研究——基于中国和奥地利的典型案例分析》，北京：知识产权出版社，2014：54，90.

第五章　产业协同创新制度演化分析的逻辑架构

——以产业技术创新联盟为例 ①

中共中央、国务院于 2015 年 3 月发布的《关于深化体制机制改革加快实施创新驱动发展战略的若干意见》提出，经济发展新常态下要鼓励构建以企业为主导、产学研合作的产业技术创新战略联盟。科技部等六部委在 2008 年联合发布的《关于推动产业技术创新战略联盟构建的指导意见》中，明确将提升产业技术创新能力作为战略联盟的目标和定位，要求运用具有法律约束力的契约为联盟提供保障，所形成技术创新合作组织要在优势互补、联合开以及利益共享和风险共担方面发挥作用。产业技术创新联盟具有强大的组织优势，但在演化发展中可能会由于其系统具有复杂性引发多方面的不确定性，因此从制度建设的角度，需要通过规则来约束和激励联盟主体行为，以在保证协同创新过程中，资金流、技术流、信息流的优化配置。

产业技术创新联盟实质是战略联盟的一种。战略联盟通常是由两个或多个对彼此资源有战略需求的企业，通过签订协议或契约而结成的，为实现能力与资源互补以及分担风险和要素水平式多向流动而结成的合作伙伴关系。对于战略联盟的内涵或界定，从 20 世纪 80 年代

---

①　孟琦. 产业技术创新联盟制度分析：视角、范畴与逻辑架构 [J]. 中国科技论坛，2017（9）.

提出以来并没有明确的定论，学术界基于多种角度或理论对战略联盟进行的概念上的诠释，或者将虚拟企业、产业集群和动态联盟等组织形式也纳入战略联盟的范畴中。

本研究认为企业间的诸多合作关系不能笼统地定位为战略联盟，应该特指具有战略目标的企业之间的一种特定的合作关系。第一，战略联盟作为一种组织方式其本质上区别于并购。企业在并购中其实质是失去了各自的独立性，参与并购的合作企业最终的目标是要在形成统一的公司，各方企业将服从来自公司总部的统一指挥和统一决策。而在战略联盟中，参与合作的企业目标指向，是在保持各自独立性的前提下开展相应合作。其次，战略联盟与虚拟企业和产业集群等组织方式不同。虚拟企业一般出于战术而非战略上考虑，参与企业间在达成某种市场或商业目标的基础上组建而成，形式上是来自于制造业、服务业或二者间混合的临时网络，一般缺少资本纽带，不属于实体企业。成员企业借助于这个合作网络打破地理空间上的限定，当市场商机到来时组建以顾客需求为中心的虚拟网络组织，当顾客需求得到满足或者该产品领域利润空间下降时，这一组织可能就会解散，或者在此前合作的基础上转变生产或服务方向，在这一过程中可能会有新成员加入或已有成员退出。而产业集群是指在某一产业的地理空间范围内，聚集很多与该产业有密切相关性的企业、协会等中介组织以及大学和研究机构等相关组织，依靠规模经济效益和范围经济的外部获取，在地区或地域内形成具有持续竞争优势的产来经济现象。

一、马克思主义经济学视角下技术与制度的辩证关系

对产业技术创新联盟进行制度分析，首先涉及技术创新与制度创新的关系问题。对此，在制度经济学理论中，马克思主义经济学、新制度经济学和熊比特理论学派是与其关联度相对较大的理论。

新制度经济学的制度分析以制度对技术创新和经济增长的决定作用为前提。[①] 并没有强调制度创新与技术创新的辩证关系，如科斯认为，产权制度决定生产力，产权是生产力发展的决定因素，只要有一个清晰界定的产权，就能解决社会的激励问题。目前，对技术创新和制度创新之间关系的研究，国内学界主要基于西方新制度经济学制度分析理论，融合演化经济学和协同学等理论，研究制度创新与技术创新协同推动产业演化，如谢学芳（2015）分析技术与制度协同创新在文化产业发展中的作用机制，周小亮、李婷（2017）运用动态博弈演化模型，分析技术创新与制度创新在经济增长动力转换中协同演化的条件。通常情况下，股权式联盟或非股权式联盟组织结构选择研究、利益协同机制、知识共享机制、知识转移机制、信任机制、关系协同机制等机制构建研究以及创新联盟制度环境建设研究等，成为显度比较高的研究方向。如王越（2011）在对产业技术创新联盟进行制度结构选择研究中，将利益分配、风险分担和责任承担以及政策导向和法律环境等因素纳入考虑的范畴。李薇（2012）分别从国家宏观层面、中观区域层面和微观企业层面，在分析我国技术创新环境和制度建设

---

① 程恩富，胡乐明：《经济学方法论：马克思、西方主流与多学科视角》上海：上海财经大学出版，2002：58，63，61.

特点基础上，对以技术标准为特征的战略联盟运行机制进行梳理。史会斌等（2013）认为提高联盟的分配公平和程序公平，联盟外部政府环境中的强制机制或诱导机制可能会发挥重要作用。迟考勋（2015）从知识产权保护等政府制度层面、基于正式制度与非正式制度对产业技术创新联盟制度构建进行研究。赵明霞、李常洪（2015）运用合作博弈模型、针对产业技术创新联盟存在的机会主义等道德风险问题，从利益协同的角度，设计联盟防范风险机制和激励机制。

　　西方经济学界，熊比特最早阐述创新概念与理论，虽然同马克思一样非常重视生产方法和技术的变革对经济发展的作用，但由于世界观和立场不同，在他的经济发展理论或创新理论中撇开了生产关系对生产力的作用以及二者间的矛盾在历史发展中的作用，但在其后的新熊比特学派对该方面内容有着一定程度的发展。在熊比特的创新经济理论中，创新被视为重产要素和生产条件重新组合的生产函数，企业家在这一创新过程中发挥决定作用。创新存在五种形式，即引进新产品或提供一种产品的新质量；采用新技术或新的生产方法；开辟新市场；获得原材料的新来源；实现企业组织的新形式。熊彼特以创新为核心对资本主义经济发展的关键因素和动力机制进行研究，认为经济增长的最重要的动力和源泉在于企业的创新活动。熊彼特关于创新的理论不断被后人发展，如达韦尼（Dtveni，1994）企业要想保持长期可持续的竞争优势，最重要的是要与时俱进形成新的优势，尤其在产品寿命和创新要求有着高敏感度产业，已经建立起来的核心优势可能会快速消散，因此，企业通过持续创新，适时对已有竞争优势进行扬弃，依靠创新创造新的市场机会，才是企业乃至整个社会经济持续发展的根本所在。与熊比特的经济理论或观点有所不同，新熊比特学派有一个重要的研究方向，即研究将技术创新与扩散过程与社会、制度、政治等因素结合起来的国家创新体系。[①] 国家创新体系的概念强调由企业、大学、研究机构、中介机构和政府等部门组成复杂网络系统，其中，政府定位于促进创新过程发展和各类机构间相互作用的政策制定。

对于熊比特学派特别是新熊比特学派在技术与创新之间关系的观点，贾根良（2015）在其著作《演化经济学导论》中给予了评论。他在书中引用相关学者的观点并指出，国家创新体系以制度分析为基础，对制度的定义能为新老制度经济学派所接受，如将制度定义为产权等有形制度安排和意识形态、价值观、习俗和习惯等无形制度，并且不同于新老制度经济学的创新之处在于将创新与制度研究紧密结合在一起。但是该学派的缺陷也是明显的，对于微观与宏观的交互作用机制的研究贡献不多，并且其国家创新体系的分析框架未能考虑发展中国家如何建设创新体系的问题。究其原因，他在书中指出，由于缺乏对阶级、阶层和经济利益等问题的关注，熊比特本人也承认其理论结构只包括马克思研究领域的一小部分，与正因为其理论体系结构所存在的缺陷，不可能成功提出资本主义内生演化的理论框架。[②]

如果说马克思主义经济学和西方经济学在研究对象问题上的根本分歧不在于要不要研究资源配置，而在于要不要研究和生产方式相适应的生产关系；以及要不要研究具体的特定的生产方式的资源配置，马克思主义经济学对此回答是肯定的，而西方经济学的回答则是否定的，则这种分歧也揭示了二者研究视角的差别。在马克思主义经济学

---

① 贾根良：《演化经济学导论》北京：中国人民大学出版社，2015：136.
② 贾根良：《演化经济学导论》，北京：中国人民大学出版社，2015：137.

的制度分析理论，技术创新与制度创新之间存在着辩证关系，这是从生产力与生产关系的辩证统一角度来阐释的。

在马克思看来，生产力与生产资料、自然力、土地、机器、分工以及科学等诸多要素相关联，是这些要素的综合作用所产生的一种力量。科学与技术都是生产力的直接或间接的构成要素。其中对于科学这一重要生产力要素，马克思指出，"单是科学——即财富的最可靠的形式，即是财富的最可靠形式""科学这种既是观念的财富同时又是实际的财富的发展，只不过是人的生产力的发展即财富的发展所表现的一个方面，一种形式"① 与科学相比，技术创新是一种直接的和现实的生产力，因为在科学理论的指导下，技术在生产力发展的过程中，是围绕生产力的某一构成要素或环节对其进行技术改造，来提升其品质的，也就是说技术在向现实生产转化的过程中，是通过技术在生产活动中的实际应用来实现的，如对现行产业技术进行升级或改造。② 因此，马克思认为，科学技术进步会促进生产力水平不断提高，从这个意义上而言，技术创新作为生产力重要因素参与并主导制度创新，制度属于生产关系范畴并要适应技术创新的要求，对其发挥保障、激励和促进作用。

马克思是在社会经济形态作为一个有机整体的视角与框架下，将生产力和生产关系等列为其子系统，其联系在系统性、整体性和协同性方面特点突显，因而各要素之间的作用和反作用本身就体现了系统机制下的反馈思想。因此，在技术创新和制度创新的辩证统一关系中，制度在生产关系层面适应技术创新的要求，与二者间的协同关系并不

---

① 《马克思恩格斯全集》（第30卷），北京：人民出版社会，1995：539.

② 王伯鲁：《资本论及其手搞技术思想研究》西南大学出版社，2016：200-209.

排斥。此外，制度分析的具体方式还涉及制度结构分析、交易费用分析、制度历史分析、跨文化分析、跨学科分析和制度的比较分析等。面对当前复杂的经济环境，协同创新制度演化分析尤其需要在以马克思主义经济学制度框架下融合管理学、经济学、政治学、系统科学和认知科学等领域的多理论交叉视角。[①]

二、产业技术创新联盟分工与协作的制度适应性要求

马克思主义经济学制度分析具有个体与整体辩证统一的方法论特性，通过以分工与协作为核心环节进行制度适应性分析，可以把微观层面的收益增加转化为宏观经济增长，同时在本质规律确定的前提下和整体共性的约束下，研究微观经济主体的选择行为与过程。马克思认为制度的本质就是协调社会与分工协作体系中不同集团、阶层和阶级之间的利益关系。马克思将分工放置于生产方式演进的历史进程中剖析其与生产力、生产关系的内在联系，即分工随着生产力的发展而发展并反过来推动生产力的提高；分工又同生产关系相联系，生产关系反作用于分工体系。同时，马克思认为分工是协作的特殊形式，分工创造了协作，协作以分工为基础。因此，我国学者总结为在马克思那里存在一个"生产力－生产方式（分工）－生产关系"原理，即分工与协作在生产力与生产关系的辩证统一关系中发挥着重要的中介作用。因此，产业技术创新联盟分工与协作在生产方式层面推动技术创新，必然要求联盟制度在生产关系层面与其相适应。

---

① 程恩富，胡乐明：《经济学方法论：马克思、西方主流与多学科视角》上海：上海财经大学出版社，2002：58，63，61.

在马克思主义经济学中，马克思通过劳动实践、以社会分工为中介有效解决了微观经济与宏观经济整合的问题（林岗，刘元春，2001）。生产力是制度演化的根本动力，而分工范畴在理论上可以成为制度分析的核心环节，是因为分工环节在逻辑上包含了经济制度产生与演变的一切秘密，并成为理解经济制度与社会制度的基础李省龙（2002）。以分工与协作作为联结宏观与微观经济的重要环节，刘明宇（2004）对于农户分工环节存在的影响农民收入增加的制度困境，认为促进农业生产力发展的关键在于通过制度变迁、赋予农民以充分的经济自由和土地财产权利。周绍东（2016）提出，当前可根据"互联网＋"农民合作社和"公司＋农户"等新型农业生产方式的特点，设计土地使用权流转机制，以促进农业专业化分工与协作，发挥生产关系革新对生产方式和生产力的反作用。在区域分工与协作的制度建设方面，魏丽华（2016）认为可根据区域产业协同发展存在的问题，建设常态化合作机制和区域内各主体共同投资、共同获益的跨区域利益共享机制。

产业技术创新联盟作为社会内部分工和企业内部分工相互融合的产物，体现了社会分工组织的当代演进与发展。当前技术进步的快速发展促进了创新联盟专业化分工与协作在程度、形式等方面的演进发展，这就要求联盟制度也要适应联盟组织的演化要求。在"互联网＋"技术推动生产方式变革的新经济背景下，产业技术创新联盟正在充分利用信息技术以及互联网平台在研发、生产领域增强联盟成员间深度合作、跟踪快速多变的市场需求，以更快地提高技术创新能力。在这一过程中，虽然凭借信息技术优势可提高联盟获取知识共享与互补的协同创新效应，但联盟制度系统也面临新条件下信息保护与畅通、知识产权纠纷、利益冲突等挑战与创新。虽然联盟制度、联盟分工与技术创新之间存在协同互动的作用机制，并可获取制度与创新协同优势效应，但在联盟企业依托大数据等技术手段可以快速获取技术与产品创新需求的情况下，尤其需要联盟制度系统具有快速响应功能的动态协同机制。此外，联盟分工促进效率的同时其协作也会增加成本。要促成创新联盟分工主体间的协作就需要当事人之间必不可少的协调活动、耗费一定的经济资源并产生交易成本。虽然从互联网的技术层面可以减少联盟分工与协作中的沟通、协调和组织费用、能够降低交易成本，但是要获取创新联盟持续竞争优势、进一步降低联盟主体间互动中的不确定性，需要与信息技术相叠加的联盟制度创新。产业技术创新联盟制度分析就是要从生产关系的制度层面适应、协调联盟分工与协作，在高效优化创新资源配置的同时降低交易成本、提高联盟创新效率。

三、产业技术创新联盟制度分析逻辑架构

产业技术创新联盟制度系统复杂性问题会增加联盟演化发展的不确定性，认知联盟制度系统复杂性问题程度是其制度分析的关键，涉及联盟制度主体如何对复杂性问题进行规范处理。在马克思主义制度分析整体视角下，可基于技术创新、联盟分工和制度公平对联盟制度系统的适应性要求，透视联盟制度系统存在的复杂性问题，提炼联盟制度效率的衡量指标体系，建立联盟制度系统复杂性问题程度的认知机制，探寻联盟制度的优化路径，具体如图 5.1 所示。

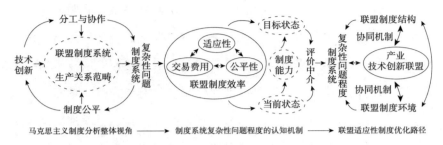

图 5.1　产业技术创新联盟制度分析的逻辑架构

产业技术创新联盟制度系统复杂性问题，作为社会科学研究的对象，对其的认知必然包含了研究者的价值立场和意识形态偏好。在马克思的制度理论中，经济基础决定上层建筑，包括意识形态在内的上层建筑反作用于经济基础。诺斯认为建立在对现实的主观感知基础之上的意识形态是决定人类选择的重要因素，强调制度的研究必须从认知科学领域挖掘对制度的理解。斯科特认为可通过认知机制促进制度建立的各种过程，以揭示制度结构与行动相互作用的过程中存在的能动性根源。

相对于联盟制度系统在适应性、交易费用和公平感方面的当前状态，提高制度适应性、减少交易费用、增强公平感为制度系统演化的目标状态，该状态的调整受到联盟制度能力的影响。联盟制度能力是指创新联盟制度主体根据联盟创新决策的变化和创新制度环境的变化，在联盟制度系统由当前状态向目标状态演化中所具有的调整联盟制度结构的能力。根据联盟制度的复杂系统特性，制度能力可由学习能力、协同能力两个维度构成。学习能力作为制度能力要素主要由于复杂适应性主体的根本特性是能动性，即能够主动感受环境，自我学习，主动调整、改变自身以能动地适应环境。协同能力体现为两个层面：联盟制度主体之间、制度主体与联盟制度结构相互协调与塑造的能力；联盟制度主体与制度环境进行沟通并影响制度环境、以及将制度环境的缺失内化到联盟制度安排中的能力。

产业技术创新联盟的分工与协作在生产方式层面促进技术创新，需要联盟制度系统在生产关系层面适应联盟分工和制度公平要求，在这一过程中，联盟制度、联盟分工与技术创新之间存在动态协同机制。产业技术创新联盟分工与协作以提升产业技术创新能力为目标，联盟制度系统存在的复杂性问题反映了技术创新能力提升对联盟制度的要求，构建联盟制度系统复杂性问题程度的认知机制是关键，而高质量的制度效率衡量指标体系的建立是其制度分析的逻辑基础。实现技术创新联盟制度系统的当前状态向目标状态的演化，其制度优化路径可从联盟制度结构调整、联盟制度环境建设和制度系统协同机制三方面进行。产业技术创新联盟制度分析在实际应用中对制度系统复杂性问题程度的认知，会因创新联盟所在的不同区域、不同产业及联盟文化等不同而所差异。

四、产业技术创新联盟制度效率的衡量

高质量的制度效率作为制度系统演化的目标状态，是产业技术创新联盟制度分析的逻辑基础。对于经济制度效率的衡量，一方面，不同的制度效率标准离不开制度的主观过程、客观结果以及制度主体对实用性的不同考虑。马克思从辩证唯物主义角度认为只有生产关系适应生产力发展要求，才会促进其发展。随着生产力和技术的发展，制度也必须做出相应的变化与调整，这是一个动态过程。从复杂系统角

度，适应性是制度系统的突出特点。

马克思基于劳动价值论认为，发挥制度对劳动者较强的激励作用，就要注重制度所带来的整体社会效率及社会的公平和正义。在马克思主义经济学的制度分析中，评价制度创新要坚持生产力标准和公平标准的统一，既包含微观层次的效率评价，又包括宏观层次的价值判断。公平对于意识形态而言，在马克思看来是一定社会占主导地位的生产关系作用下所形成的利益结构在人们头脑中的反映。这种公平感对效率的影响反映了意识形态对经济基础及生产力的反作用。当前，深化经济体制改革，促进效率和公平的统一，要把促进社会公平正义、增进人民福祉作为一面镜子，审视我们各方面体制机制和政策规定。以此保证各种所有制主体依法平等使用生产要素、公平参与市场竞争、同等受到法律保护；清除市场壁垒，发挥市场在资源配置中的决定性作用，提高资源配置效率和公平性。

此外，公平本身作为非正式制度，它通过影响正式制度进而影响协同创新主体的行为方式以及制度的适应性效率。在基于历史唯物主义视角的马克思主义公平观中，公平属于随生产方式发展而发展的历史范畴，并且随着社会历史条件和物质环境改变而改变，其本质应在社会生产关系中得以实现。这就要求我们准确把握时代的特点和生产力标准，在社会生产实践中具体问题具体分析，在生产、分配、交换及消费每一个环节落实公平。而且，中国特色社会主义进入新时代，深化经济体制改革，促进效率和公平的统一，要把促进社会公平正义、增进人民福祉作为一面镜子，审视我们各方面体制机制和政策规定。因此，对于制造业协同创新主体的制度公平感而言，一方面要形成面向伙伴选择、组建、运行、知识成果转化与保护以及解体等协同创新全过程的组织内外公平制度环境，另一方面，在协同创新的具体制度安排方面，可辩证地借鉴以约翰·亚当斯等为代表的西方现代组织公平理论中的分配公平、程序公平、互动公平以及权力公平等要求与标准。在联盟制度结构的确立、运行与演化发展中，针对联盟技术创新活动中有形资产和无形资产的利益分配，要体现、贯彻基于事前协商按贡献分配的承诺和基于事后协商的动态成果分配方案。由于联盟技术创新是以人为主要因素的联盟主体创造性活动，因此强调互动公平、联盟主体在联盟制度执行过程中应感受到人际对待的公平性及彼此间信息传达的公平性。在以上过程中，联盟成员能否参与并通过联盟制度控制决策过程是体现程序公平的关键。

另一方面，制度效率衡量指标的设定要考虑认知成本或计算成本的效果。在复杂制度系统中，如果把制度效率的衡量指标锁定在少数几个制度性因素上，只通过简单的计算就可能得出值得满意的结果，具节约计算成本的效果。诺斯认为有效率的制度应具有社会收益效率和减少交易成本两个基本特征。辛鸣认为制度评价应包括制度合理性、制度合法性和制度现实性三个标准，分别指向制度的合规律性与效率、制度的公平与正义本质和制度的可实现性、可操作性。

综合以上分析，产业技术创新联盟制度效率的衡量指标系统可由适应性、交易费用、公平感构成，而且彼此之间存在耦合作用关系。其中，制度适应性是指联盟制度系统主体能够与联盟协同创新的要素禀赋环境进行交互作用，不断地"积累经验"和"学习"，据此调整行为规则以适应该环境的变化，促进制度系统和产业技术创新能力协同演化发展。这种制度适应性反映联盟制度能力并具有促进创新资源整合的功能。只有产业技术创新联盟中包括人力资源、知识、技术和创新资本等要素在内的创新要素结构得到提升，才能获取持续的联盟优势和技术、产品以及产业的升级。而增强联盟成员的制度公平感本身就能够抑制机会主义行为、降低交易费用和提高制度适应性效率。

第六章　产业协同创新适应性制度演化的推进路径

一、探究产业协同创新适应性制度演化机制

制度变迁需要一定的机制，制度演化分析的优势在于以复杂系统思维探寻其动力机制，适应性是制度系统演化的突出特点。在马克思主义经济学视阈下，产业协同创新制度演化的适应性调整不是简单地从个体出发，而是在宏观社会制度环境的影响与约束下进行的。探究制造业协同创新适应性制度演化机制，就是要在生产力和生产关系矛盾运动推动制度演化的整体分析框架中，以制度分析的个体与整体辩证统一视角，探究"生产力－分工与协作－生产关系－上层建筑－制度环境－制度创新－制造业协同创新－技术创新能力－生产力"的正反馈作用，反映新发展理念等主导经济意识形态对产业协同创新及其制度演化的引领与促进作用，为其制度适应性效率的衡量奠定分析基础。

探究产业协同创新适应性制度演化机制，基于制度系统的自适应性和外部适应性，至少应综合考虑三个层次的制度适应性。一是考虑协同创新制度系统所嵌入的宏观制度系统的整体适应性及其微观表现。在生产力与生产关系、经济基础与上层建筑的整体联系中，由生

产关系总和由此派生建立并反映一定社会经济基础的政治、法律制度和意识形态等上层建筑，为产业协同创新提供宏观制度环境，对体现技术进步程度的生产力具有促进和推动的反作用，而分工与协作作为生产方式最重要的存在和表现形式，理论上成为制度分析的核心环节。从而在产业协同创新的微观层面，其制度系统演化表现为以提高产业企业技术创新能力为目标和对协同创新演化发展的耦合适应性。二是考虑协同创新制度系统作为子系统所嵌入的宏观制度系统内部的适应性。协同创新制度系统要与各项具体经济制度、体制以及政治、法律制度和意识形态等上层建筑之间相适应，当前最重要的是要与新发展理念等主导经济意识形态相适应，贯彻落实以人民为中心的发展思想。三是考虑协同创新制度系统内部的自适应性，即约束、激励产业协同创新主体的各项机制和具体制度安排之间要相适应。

二、构建产业协同创新制度演化适应性效率的认知机制

从认知科学的发展来看，认知已被视为植根于社会性和物质性的活动，是以情境性或嵌入性为立足点的认知过程，更强调认知主体的塑造来自个体与文化、价值观以及意识形态等社会环境因素的共同作用。在人类的认知过程中通常存在认知主体、认知客体和认知中介三部分，而认知过程中认知主体所凭借的物质手段、操作程序和语言可作为认知中介。在马克思主义经济学视阈下，探究产业协同创新制度演化适应性效率的认知机制，一方面以提高产业企业技术创新能力和协同创新效应为其制度演化的认知战略目标，另一方面要以成员共同的信念、价值体系以及与此密切相关的马克思主义经济学认知观，作

为其制度演化协同认知的社会性依据。马克思主义经济学的根本立场、方法和观点与时俱进反映其所代表的阶级利益、意识形态和价值观。坚持以人民为中心的发展思想是马克思主义政治经济学的根本立场，体现了与新制度经济学和西方主流经济学等理论不同的研究视角和经济意识形态。当前，认知产业协同创新制度演化适应性效率，关键在于认知其制度演化在适应协同创新发展要求中，对新发展理念等主导经济意识形态的适应性与落实程度，强化问题意识并反映其制度演化中可能存在的问题。

构建产业协同创新制度演化适应性效率的认知机制，目的是认知主体在对制度适应性效率各种反馈信息处理的过程中，对制度演化适应性的复杂问题进行求解。对于问题，从系统工程角度可以定义为某个给定的智能活动过程的当前状态与智能主体所要求的目标状态之间的差距。问题求解即为消除差距。从科学哲学对科学问题难度评价的角度来看，问题可以定义为智能活动的当前状态与智能主体所要求的目标状态之间的差距，问题的目标状态、当前状态和智能主体能力影响问题难度。因为自然界本身并不存在什么"问题"，只有当某种智能生物以认识或改造对象为目标而进行智能活动，才会造成或产生"问题"，从而问题都是与智能主体的某种目标状态相联系的。在此基础上，认知产业协同创新制度演化适应性问题及其程度，其认知机制可由其制度系统适应性效率的当前状态、目标状态以及制度能力三个要素子系统和认知中介构成。

适应性效率作为衡量制度效率的一个概念，主要反映制度结构及其对经济条件变化的适应或阻碍的反应能力。对于制度适应性效率本身的衡量与划分，目前学界并没有形成明确与统一的标准。由于制度是基于其所运行的多个层次综合发挥作用，因此，如何立足于产业协同创新的制度结构层次，构建反映其制度演化整体层次和系统层次综合作用的适应性效率衡量体系是关键。其中，在制度演化的整体层次要反映新发展理念等主导经济意识形态的要求；在制度演化的系统层次，可从制度系统演化的自适应性和制度系统对协同创新的耦合适应性两个维度，创建其制度适应性效率衡量体系。首先，对于制度适应性效率状态衡量，从制度系统演化自适应性和制度系统对协同创新的耦合适应性两个维度来创建。综合来看，在新发展理念的指引下，产业协同创新制度演化的耦合适应性衡量需要重点探究技术协同创新效应、绿色协同创新效应、开放协同创新效应、共享协同创新效应。制度系统演化自适应性衡量则重点探究其制度协同性和公平性。制度系统协同性可通过协同机制作用下制度结构内部各环节整体运行的知识协同性、技术创新协同性、利益协同能性、关系协同性和文化协同性等指标综合反映。如果说利益协同性直接关系到共享理念在分工与协作主体间的落实，那么在产业协同创新的要素配置纳入国内国际两个市场、"一带一路"倡议的广阔发展背景中，对可能来自不同制度环境背景的制度主体，体现关系与文化协同能力的制度系统自适应性则尤为重要。

在基于历史唯物主义视角的马克思主义公平观中，公平属于随生产方式发展而发展的历史范畴，并且随着社会历史条件和物质环境改变而改变，其本质应在社会生产关系中得以实现。中国特色社会主义进入新时代，深化经济体制改革，促进效率和公平的统一，要把促进社会公平正义、增进人民福祉作为一面镜子，审视我们各方面体制机制和政策规定。落实到产业协同创新制度演化的微观层面，对于协同创新主体的制度公平感而言，就是要形成面向伙伴选择、组建、运行、知识成果转化与保护以及解体等协同创新全过程的公平制度环境。另一方面，衡量产业协同创新的制度协同性，正是以系统思维体现党的十八大以来对全面深化改革要注重系统性、整体性、协同性这一内在要求的微观反映。其次，对于制造业协同创新组织的制度能力衡量，着眼于制度演化认知主体的治理能力建设，学习能力和协同能力是其重要体现。认知中介在实际应用中则可借助于能够间接测量各变量之间非线性作用关系的数量经济评价方法，以产业协同创新制度演化适应性效率的当前状态、目标状态和制度能力为一级评价指标，认知其制度演化的高、中、低或较低等适应性程度，并在评价过程中通过各指标量化值分析其制度适应性效率可能存在的问题。

三、基于产业协同创新制度系统的复杂性问题建立制度优化路径

1. 产业协同创新制度系统的复杂性问题分析

产业协同创新制度系统复杂性，一方面体现为系统要素间及系统与环境间的非线性作用，另一方面体现于系统规模复杂性、系统层次结构复杂性和开放复杂性程度等方面。复杂作用关系可产生系统交易成本问题、利益分配问题、知识、技术转移障碍问题、以及创新主体间公平、信任、承诺等非正式制度运行的复杂性问题。

认知产业协同创新制度系统复杂性问题，可从制度的规制性问题、规范性问题和文化认知性问题方面展开，以发现制度系统薄弱环节。根据斯科特（2010）对制度的规制性、规范性和文化认知性基础

性质的划分，某一层面的制度系统之所以具有稳定性特征，得益于三种制度要素促进了其维持与再生产的过程。其中，制度的规制性强调正式或非正式的制度均要符合约束特定行为的法律法规和政府规章制度，包括各种监督、奖励或惩罚性的规则。制度的规范性主要指一系列规则、标准或机制并强调道德自律与他律，包括了共同信念、价值观和公平等规范。而制度的文化－认知性要素则强调制度主体的认知范式受可认可、可理解的外在文化框架所塑造。在产业协同创新的制度系统中，如果这三种制度要素的运行或协同出现错误，可能就会出现冲突与混乱，表现为制度系统复杂性问题。

（1）由产业协同创新制度主体异质性与多元化所导致的制度规范性问题。产业协同创新制度主体异质性与多元化所导致的制度规范性问题是造成联盟科技成果转化率低、产业创新能力提升慢的重要原因。包括产业组织、研发机构、高等院校在内的产业协同创新制度主体在创新主导性、战略目标、知识储备与吸收能力、文化与行为等方面存在差异，必须需要完善的战略协同机制、文化协同机制、关系协同机制和知识转移机制等系统动力机制耦合作用，而目前产业协同创新在这些方面仍需要进一步完善。特别是产业协同创新要求以企业为主导并真正成为技术创新的主体，但在产业协同创新过程中仍存在企业主体作用不突出、市场需求导向不强问题。相比于"硅谷"等协同创新的文化氛围，作为协同创新主体的产业组织虽然掌握着丰富的市场信息资源，但协同创新的意识还有所欠缺，在及时有效地将市场信息资源传递给大学和科研院所方面，沟通与协调机制的建设需要进一步完善与发展。而另一方面，大学、科研机构往往重视科研的学术价值，产业组织更重视科研成果的市场价值，二者往往缺乏有效的战略协同机制。

（2）产业协同创新制度结构松散化及所导致的制度规范性问题。产业协同创新是以产业共性关键技术突破为主导的创新，需要跨学科、跨领域、跨行业的产学研持续紧密合作，以产业技术创新联盟为例，现实中意向性的合作协议较为多见，对责权利界定模糊，合作关系缺乏法律约束力，缺乏保障持续性合作关系的制度约束和完善的利益保障机制。2008 年技部等六部委联合发布的《关于推动产业技术创新战略联盟构建的指导意见》，除了对产业技术创新联盟组织给予内涵上的界定外，根据《中华人民共和国合同法》指出构建产业技术创新联盟应具备六个方面的基本条件，即要由企业、大学和科研机构等多个独立法人组成；要有具有法律约束力的联盟协议，并且协议中要有明确的技术创新目标和落实成员单位之间的任务分工；要设立决策、咨询和执行等组织机构，建立有效的决策与执行机制，明确联盟对外承担责任的主体；要健全经费管理制度；要建立利益保障机制；要建立开放发展机制。由于采用股权制度形式的成本相对较高、实施程序较为复杂，仅被少数创新主体所认可，很大程度上弱化了产业协同创新的制度效率。以中国较早开展产业技术创新联盟的广东省为例，自 2007 年首批成立并运行的 35 个联盟中，就很少采用股权联盟这类较高层次的制度安排。再者，在联盟制度环境中，需要进一步健全市场风险投资、知识产权保护及不同所有权性质企业市场准入等法制法规。当前，在产业协同创新过程中，存在科技研发成果在产业中的现实转化率低、知识产权归属模糊、侵用知识产权等现象，其主要原因在于产业协同创新知识产权保护制度刚性约束不足，知识产权奖励与惩罚机制不完善等问题较为突出，一定程度上削弱了创新主体的积极性并影响与制约产业协同创新战略目标的实现。另一方面，中国高校和科研机构目前对科研人员的考评机制中，科研人员论文发表数量、政府课题数量等评价指标权重较大，也会导致使科研成果产业化效率不高，这在客观上制约了产业协同创新的发展。

2. 以问题为导向，建立产业协同创新制度演化的适应性问题 – 制度性问题 – 适应性制度优化路径

经济制度分析的关键在于分析制度性激励体系的不完善特征，以问题为导向并将其纳入分析框架。对于制度的这种激励功效，制度的规制性、规范性和文化 – 认知性这三大制度分析的传统基础要素仍然非常重要，凭借其彼此间的耦合作用关系可为包括宏观、中观和微观在内的不同层面制度结构提供重要支撑。因此，借助于制度演化适应性效率的认知机制，将产业协同创新制度演化的适应性效率与制度分析的三大基础要素有机联系起来，可为从制度结构、制度环境和政策支持三个维度，探究产业协同创新的适应性制度优化路径提供可能。

以问题为导向分析产业协同创新制度演化，要与时俱进并纳入社会基本矛盾和社会主要矛盾的更高层次之中。关于社会主义基本矛盾，毛泽东指出，在社会主义社会中的基本的矛盾，仍然是生产关系与生产力、上层建筑与经济基础之间的矛盾。① 哲学社会科学研究工作以马克思主义基本理论和方法为指导因而具有问题导向的特质。问题是时代的声音。坚持问题导向是马克思主义鲜明特点、是马克思主义方法论的优良传统和鲜明特征。作为研究对象的经济矛盾是有国度的，如何界定、研究和解决，取决于研究的主体和主义并受主义制约。

① 《毛泽东文集》(第 7 卷)，北京：人民出版社，1999：214.

具体经济管理系统存在的矛盾反映整个社会经济系统的矛盾，是其各层次经济矛盾的具体存在和展开，也正为如此，研究具体经济管理系统的矛盾必然要将其置于更高于其系统层次的各层次矛盾之中。只有从经济制度层次认知经济系统矛盾才能探讨解决问题的途径。对于中国特色政治经济学研究而言，制度层次的矛盾是核心问题。经济制度作为对所有权及其关系的规定，是基本经济矛盾和商品经济矛盾的具体存在。经济体制、经济结构、运行机制和具体经济管理制度等制度作为经济制度的具体展开，是劳动力和生产资料所派生的占有权、使用权、经营权、收益权、处置权以及管理权等存在和作用的体现。[①]

以问题为导向分析产业协同创新制度演化，在马克思主义经济学制度分析整体框架中，在具体微观层面贯彻、落实以人民为中心的发展思想，体现解放生产力和发展生产力的社会主义本质要求，其制度适应性效率的衡量不仅体现发展生产力的物质范畴，更要考量以劳动者为主体的公平等社会范畴。经济矛盾涉及劳动者利益、存在状况，经济矛盾的解决则是通过制度演化发展或深化改革，促进劳动者提高劳动素质、技能和社会地位，为全面发展创造条件。劳动者的素质是一个集身体素质、技能素质和文化精神素质为一体的综合体。劳动者作为现实生活的真实的人，文化精神层面的价值观、意识形态、道德等因素对其他两方面的素质提升发挥重要的引领作用。具体到生产力和生产关系、经济基础和上层建筑的矛盾运动中，生产力决定生产关系，文化精神素质在分工协作和生产关系的各个环节中对生产力有着制约的反作用。

---

① 刘永佶：《中国政治经济学方法论》北京：中国社会科学出版社，2015：106，162，132.

　　根据不同程度制度适应性效率所折射出的制度演化适应性问题，分析在产业协同创新制度演化中制度分析三大基础要素及彼此协同方面可能存在的制度性问题。其中，在规制性制度要素方面主要分析强制性和奖惩性规则的完善情况，强调遵守规则与组织的合法性基础。在规范性制度要素方面主要分析公平交易等价值观的规范程度。在文化－认知性制度要素方面主要分析对新发展理念等主导经济意识形态的适应性。其次，以不同程度制度适应性效率所对应的制度性问题为导向，分别探究相应制度结构、制度环境建设和政策支持的对接。在制度结构方面，主要依据合资、相互持股或非股权契约等正式制度特点，探究相应的制度安排及其协同机制。在制度环境建设方面，探究面向产业协同创新的知识产权保护、金融制度以及公平竞争和尊重创新等制度环境建设。在政策支持方面，由于在沿着均衡点演化的制度变迁过程中，制度与政策是变量与参数的关系，现代社会中政府无不作为行为主体参与制度发展与管理，中国更要发挥社会主义市场经济条件下的新型举国体制优势，从政府作为创新活动不确定性和风险性的一方承担者角度，探究引领产业协同创新的产业配套政策。同时，在党的十九大提出加快形成推动高质量发展的政策体系要求下，探究有利于保护和扶持高端价值链以及制造业服务化的产业协同创新政策支持势在必行。

四、以制造业为重点加强产业协同创新的制度演化研究

　　在供给侧结构性改革背景下，制造业质量是供给质量提高的关键，其实质是以技术创新为核心的创新驱动。以改革推动制造业协同

创新，是最大限度地整合创新要素、提高制造业自主创新能力的重要途径。

　　目前国内外关于制造业协同创新制度的专项研究并不多见，其研究尚主要被蕴含于或通过产业、产业集群、产学研的协同创新研究中，以产学研协同创新方面相对较多的"机制""模式"研究和较少的"制度"研究来体现，研究范畴主要集中于协同创新的模式、动力或演化机制、治理机制、绩效及对策等方面。继 20 世纪 90 年代末，许庆瑞、陈劲、张刚（1997）等学者较早对技术、市场和组织等要素协同创新展开研究后，进入 21 世纪以来，组织间的协同创新如产业集群、产学研协同创新以及技术创新战略联盟等研究呈发展态势。如陈晓红（2006）构建产学研政与社会服务体系为协同创新主体的四类主体动态模型。万幼清等（2007）基于企业的知识基础存量和创新动力等要素建立了产业集群协同创新绩效模型。进入 2010 年，尤其是党的十八大以来，随着中国经济发展进入新常态和国家创新驱动发展战略的实施，制造业协同创新的研究呈现进一步发展趋势。诸多学者参考陈劲和阳银娟（2012）对协同创新概念的界定并进行拓展。刘英基（2014）认为，我国制造业想要实现产业升级与转化，以通过整合制造业的产业内外创新资源的方式是重要的生产方式，需要构建以企业为主导，政产学研等共同参与的协同创新网络。在制造业协同创新的动力机制的演化机制研究方面，相当多的研究体现为产学研协同创新的网络连接机制、伙伴选择与退出机制、知识转移与保护机制、激励保障机制、风险控制与投资机制、评价机制、以及利益、文化、关系和技术创新等机制的构建，具体研究方法主要运用演化博弈模型、生物学逻辑斯蒂方程和社会网络分析模型等，分析传统产业与战略性新兴产业协同创新机制、制造业或产学研自主创新与协同创新有机结合机制等。在制造业协同创新运行机制、治理机制研究方面，主要运用协同学原理从系统内部探寻制造业协同创新的关系以及中介协调等网络化治理机制，或者将动力机制、合作信任机制、资源供给机制和激励保障机制纳入其研究范围。

在制造业协同创新模式研究方面，主要运用新制度经济和管理学等理论，强调从政府层面搭建产学研协同创新平台模式、将制造业协同创新模式定位于战略联盟模式、研发外包模式和要素转移等模式等；或者运用价值网理论，从价值创造视角研究制造业协同创新的运行模式。在制造业协同创新绩效和协同度的影响因素研究方面，主要运用因子分析和多元回归等研究方法，分析制造业协同创新影响因素与协同程度的因果关系。该方向研究存在相互融合与交叉的两种视角，一种研究视角是按照产学研协同创新的行为主体性质划分，主要存在企业技术创新联盟模式、政府参与的政产学研创新联盟模式、政府与用户参与的政产学研用合作模式、虚拟型产学研协同创新以及协同创新中心或平台等多方面定位；另一种研究视角是按照产学研协同创新的契约紧密程度划分，将其划分为合资或相互持股的股权模式以及技术转让、委托研究、联合开发等多种非股权模式。以上研究视角下对于影响产学研协同创新组织模式选择的要素，则是在产学研合作的研究基础上进一步丰富与发展，主要体现为创新主体之间的技术特性、知识特性、合作程度、合作风险、交易成本以及资产专用性程度等因素，而产学研不同主体各自的价值取向、研究能力以及创新目标和地理距离等因素亦被纳入其中。

此外，以制度环境保障为主要内容的制造业协同创新制度供给研究，也是目前已有研究成果较多的一个方向。其研究视角主要集中于四个方面，具体包括基于体现为知识产权制度、财政税收制度和法律制度等制造业协同创新的外部制度环境建设；通过建立协同创新指导委员会等正式制度以及培育创新文化等非正式制度，以大学为主导建立产学研深度融合的制度保障；论证政府为制造业协同创新提供和创造制度环境对知识转移效率的正向作用；借鉴发达国家产学研协同创新制度建设经验，如借鉴美国协同创新知识产权归属制度、日本大学共同利用组织制度以及印度产学研合作中的重视女性科研人员和专门学术休假制度等。

而国外相关研究主要集中于协同创新绩效、协同创新影响要素、协同创新模式及创新过程等方面。从 20 世纪 90 年代开始，弗里曼（Freeman，1991）较早指出协同创新作为系统性创新的一种基本制度安排，其主要联结方式是企业间的创新合作关系。进入 21 世纪，以美国哈佛大学的 Chesbrough（2003）教授提出"开放式创新"概念比较有代表性，强调充分利用组织内外的互补性创新资源，在创新链的各个阶段上建立与多个合作伙伴、进行多角度动态合作的创新模式。此后，协同创新进入集多理论、多视角的研究态势。例如在协同创新绩效影响要素研究方面，主要体现为运用新制度经济学和社会学等理论，对合作伙伴彼此之间信任机制、沟通机制等来自非正式要素影响的创新网络新绩效；在协同创新模式研究方面，主要体现为运用交易成本理论，分析协同创新的非股权和股权协同模式以及竞争者之间、用户之间、替代者与生产主体之间以及技术转让等协同模式。最近十年以来，对协同创新的研究更加集中于产学研、战略联盟协同创新实践中的难点问题，如技术、组织与地域间的协同对协同创新的影响问题、公共部门与私有企业协同创新过程中知识共享问题等。

五、在全面深化改革的制度环境中，推进基本经济制度优势更好地转化为国家治理效能

　　基本经济制度优势如何更好地转换为国家治理效能，从制度环境而言，影响着产业协同创新的制度演化与发展。产业协同创新的制度分析范畴不仅包括其制度系统，还涉及与其相互作用、相互联系的宏观社会制度环境，因为产业协同创新的制度系统作为开放系统，其演化发展不可能脱离与环境间的信息、能量等交流。中国特色社会主义制度体系作为一个整体，局部的制度都要受到整体的约束。整体的规律决定整体和位于其中的个体的特征，整体规律赋予个体的属性要远比这些个体在整体之外单独获得的属性要大得多。①

　　党的十九届四中全会审议通过的《决定》明确提出，明确提出我国国家制度和国家治理体系的一个显著优势就是"坚持公有制为主体、多种所有制经济共同发展和按劳分配为主体、多种分配方式并存，把社会主义制度和市场经济有机结合起来，不断解放和发展社会生产力的显著优势"。在基本经济制度系统中，所有制关系方面是公有制为主体、多种所有制经济共同发展；由所有制关系决定的分配方式是按劳分配为主体、多种分配方式；在资源配置方式或劳动的组织方式方面是社会主义市场经济体制，这三方面发挥 1+1+1>3 的整体协同功效，既有利于不断解放和发展社会生产力，又彰显社会主义优越性。

---

① 程恩富：《经济学方法论》，上海：上海财经大学出版社，2002：589.

党的十九届四中全会《决定》提出，把我国制度优势更好转化为国家治理效能，要通过改革来创新，突出对支撑中国特色社会主义制度的根本制度、基本制度和重要制度的坚持和完善，构建系统完备、科学规范、运行有效的制度体系。同时，全面深化改革是解决中国现实问题的根本途径，基本经济制度优势更好地转化为国家治理效能，也必然要通过改革创新来实现，发挥经济体制改革牵引作用，推动生产关系同生产力、上层建筑同经济基础相适应，推动经济社会持续健康发展。

在关于基本经济制度显著优势与治理效能的研究方面，从党的十五大把"公有制为主体、多种所有制共同发展"确立为我国社会主义初级阶段的基本经济制度，此后学界基于经济制度内涵的这一界定，对我国社会主义初级阶段的基本经济制度优势展开相关研究。其研究主要体现为三个方面，一是研究基于马克思主义政治经济学，在生产力和生产关系的辩证统一中，阐释基本经济制度的根本优势来自符合生产关系一定要适应生产力性质和水平的客观规律，巩固基本经济制度优势要以马克思主义为指导。二是结合实证，在与苏联等传统社会主义经济制度和资本主义经济制度比较中，阐释我国社会主义基本经济制度相对优势。三是基于2011年胡锦涛总书记深刻阐述中国特色社会主义制度优越性的"五个有利于"，对制度优越性进行了更为深入的理论研究。

党的十八届三中全会召开后，贯彻"完善和发展中国特色社会主义制度，推进国家治理体系和治理能力现代化"这一全面深化改革的总目标，中国特色社会主义制度优势研究进入一个新的发展阶段。其研究具体体现为四个方面：一是贯彻习近平总书记2016年在庆祝中国共产党成立 95 周年大会上的讲话精神，紧密围绕"中国特色社会主义制度是当代中国发展进步的根本制度保障，是具有鲜明中国特色、明显制度优势、强大自我完善能力的先进制度"的讲话内容，阐释中国特色社会主义制度的先进性，而基本经济制度是中国特色社会主义制度的重要组成部分。二是基于党的十九大报告明确指出"中国特色社会主义制度的最大优势是中国共产党领导"，学者们从横向国际比较和纵向中国发展现实与历史的角度进行阐释，从党自身的先进性、组织性、思想建设和政治建设等方面并且在中国人民从站起来、富起来到强起来的发展历程中，阐释党的领导是制度优势的关键与根本保证。三是对于制度优势转化为治理效能研究，主要以探究推进国家治理体系和治理能力现代化的路径举措为研究思路。四是从党的十九届四中全会《决定》公布后，学界对此快速做出反应，包括中国政治经济学智库、国家党媒等媒体报刊先后发表相关文章。对基本经济制度的内涵以及在党的领导下，基本经济制度优势转化为国家治理效能的具体路径进行了研究。

中国改革开放 40 多年来，经济发展方面取得举世瞩目的辉煌成就，其关键在于对所有制的形式、所有制所决定的分配制度和经济体制进行了一系列改革，与时俱进形成了适应生产力发展要求的社会主义基本经济制度。党的十八届三中全会明确了在全面深化改革总目标统领下，包括经济体制在内的政治体制、文化体制、社会体制、生态文明体制和党的建设制度等，在多个方面深化改革的具体目标和任务，强调深化经济体制改革，要紧紧围绕使市场在资源配置中起决定性作用和更好发挥政府作用。这一系统工程需要以辩证唯物主义和历史唯物主义立场、观点和方法为指导，注重系统性、整体性和协同性，运用正确的思想方法。

马克思主义认为，生产力是推动社会进步与发展的根本性因素。生产力与生产关系、经济基础与上层建筑彼此间辩证统一与相互作用，对社会发展起支配作用。社会主义的发展本质上要求解放、发展社会生产力。新中国成立 70 年以来特别是改革开放 40 多年以来，我们党带领人民通过全面深化改革，以改革的方式调整生产关系，促进社会生产力的发展，自觉通过完善上层建筑适应经济基础发展要求，让中国特色社会主义更加符合规律地向前发展。[①]

首先，要坚持党对经济工作的集中统一领导。中国特色社会主义制度的最大优势是中国共产党的领导，党的领导是推进国家治理体系、治理能力的根本保证和核心。在党的领导下，国家治理体系管理国家的制度体系包括以五位一体建设总布局为主要内容的经济、文化、政治、社会、生态文明和党的建设等各领域的体制、机制、法律、法规安排。党的十八届三中全会以来，党中央设立了中央全面深化改革领导小组，有党的强有力的领导下，经济体制改革全面深入进行。中国从 1978 年改革开放后，在社会主义市场经济理论形成的基础上，社会主义市场经济体制改革不断深化与加速。在经济体制改革方面，从党的十四大提出我国经济体制改革的目标就是要使市场对资源配置起基础性作用，到党的十八届三中全会通过的《中共中央关于全面深化改革若干重大问题的决定》，强调深化经济体制改革，要围绕使市场对资源配置起决定性作用、更好地发挥政府作用；在推进制度改革方面，从党的十一届三中全会后 80 年代初期中国推行的家庭联产承包

---

① 习近平：《习近平总书记在纪念马克思诞辰 200 周年大会上的讲话》人民出版社，2018：17.

责任制，到党的十七届三中全会提出允许农民以转包、出租、互换、转让、股份合作等形式流转土地承包经营权，再到党的十八届三中全会《决定》提出在建立城乡统一的建设用地市场、持农村土地集体所有权，依法维护农民土地承包经营权，发展壮大集体经济，赋予农民更多财产权利方面进一步提高农村土地制度改革的力度，有力地解放和发展了农业生产力。中国的经济体制改革始终在党的领导下，坚持改革的正确方向，坚持四项基本原则，不断推进社会主义制度的自我完善和发展，体现了以是否有利于提高人民生活水平为改革标准、符合最广大人民群众的根本利益、以人为本和以人民为中心的发展思想。

　　经济体制改革的核心是市场在资源配置中起决定性作用，更好发挥政府作用，体现了政府和市场耦合作用的辩证统一关系。改革开放以来，在党的领导下，在我国实际经济运行过程，始终彰显了政府宏观调控的成效和市场经济中微观主体的活力。对在包括经济体制改革在内的我国经济工作中，坚持党的集中统一领导，有利于保障经济发展和国家利益的实现。这也是新中国成立70多年来、改革开放40多年来，中国社会主义建设与改革开放的历史实践所证明了的，中国共产党在年国内外复杂的经济发展形势下，凭借自身建设和优良传统，具有带领中国人民制定经济发展政策、保持经济长期发展稳定、转变经济发展方式、以供给侧改革为着力点的定力与能力。同时，中国是社会主义国家，社会主义的本质要求是共同富裕，坚持党对经济工作的集中统一领导，更有利于在改革过程中保障全体人民的整体利益，因为中国共产党本身就代表最广大人民群众的根本利益。

　　其次，坚持以人民为中心的发展思想，体现人民群众主体性作用。经济体制改革就是要从制度、机制和体制层面改掉对生产力的制约、使社会释放更多的生产力，促进国家经济的高质量发展，提高人民的生活水平，不断满足人民群众对美好生活的新期待。

马克思主义认为，一方面，生产力是推动经济制度演化发展的根本性力量，生产力的主体是以劳动者为主体的人民群众，人们在生产实践活动过程中具有根据实际不断调整和创新制度的主观能动性和创造性。另一方面，马克思指出"这些个人是从事活动的，进行物质生产的，因而是在一定的物质的、不受他们任意支配的界限、前提和条件下活动着的"。马克思在《〈政治经济学批判〉导言》中指出"说到生产，总是指在一定社会发展阶段上的生产——社会个人的生产""一切生产都是个人在一定社会形式中并借用这种社会形式而进行的对自然的占有"。从而，个体能动地改造自然和利用自然的生产实践活动是在特定的社会生产关系（经济制度）约束下进行的。

我国社会主义制度从形成起就根植于人民群众中，能够有效体现人民意志、保障人民权益、激发人民创造力。公有制为主体、多种所有制经济共同发展，按劳分配为主体、多种分配方式，社会主义市场经济体制等社会主义基本经济制度，既体现了社会主义制度优越性，又同我国社会主义初级阶段社会生产力发展水平相适应，是党和人民的伟大创造。习近平总书记指出，新中国成立 70 年来，中华民族之所以能迎来从站起来、富起来到强起来的伟大飞跃，最根本的是因为党领导人民建立和完善了中国特色社会主义制度，形成和发展了党的领导和经济、政治、文化、社会、生态文明、军事、外事等各方面制度，不断加强和完善国家治理。改革开放以来特别是党的十八大以来，在中国特色社会主义制度的自我完善和发展中，我国坚持深化经济体制改革，充分发挥经济体制改革的牵引作用，加快完善社会主义市场经济体制，毫不动摇巩固和发展公有制经济，毫不动摇鼓励、支持和引导非公有制经济发展，极大调动了亿万人民的积极性，极大促进了生产力发展，极大增强了党和国家的生机活力，创造了世所罕见的经济快速发展奇迹。

人民群众是基本经济制度建立与完善的见证者，也是基本经济制度优势发挥作用的最大拥护者。人民群众的充分信任与拥护是基本经济制度优势发挥作用的动力源泉。遭遇新冠疫情以来，在中国人民众志成城抗击疫情的斗争中和在疫情常态化下的复工复产中，各级党委政府千方百计创造有利条件为抗疫物资生产和经济恢复提供有力保障。在以国有企业为生力军和主力军的带动下，包括国有企业和民营企业在内的各大中小企业，充分发挥了社会主义市场经济微观主体作用。在投疫斗争最为紧要的关键时期，企业员工克服重重困难、夜以继日、开足马力生产疫情防控急需的医疗物资和民生等用品；在制造业复工复产中，根据工业和信息化部数据，截至 2020 年 4 月末共计 92 家龙头企业共带动上下游 40 余万家中小企业协同联动复工复产，全力保障产业链、供应链稳定。

第三，加快完善社会主义市场经济体制，在生产力和生产关系、经济基础和上层建筑的辩证关系中，适应新时代生产力发展要求，要在守正创新中抓紧制定国家治理体系和治理能力现代化急需的各项具体的经济制度。当前在供给侧结构性改革背景下，制造业质量是供给质量提高的关键，其实质是以技术创新为核心的创新驱动。对此，需要以健全制造业产学研深度融合的技术创新制度体系为供给侧结构性改革的重要抓手，以促进制造强国建设的制度体系和完善科技创新体制为重点分析方向，支持大中小企业和各类主体融通创新，形成促进科技成果转化为现实生产力的机制和体制。以改革推动制造业协同创新，是最大限度地整合创新要素、提高制造业自主创新能力的重要途径。

此外，基本经济制度优势更好地转化为国家治理效能，坚持和完善基本经济制度、加快完善社会主义市场经济体制，需要运用和把握以全面深化改革中一些重大关系为特征的正确的思想方法。具体包括处理好解放思想和实事求是的关系、处理好顶层设计和摸着石头过河的关系、处理好整体推进和重点突破的关系、处理好胆子要大、步子要稳的关系和处理好改革、发展、稳定的关系。

处理好解放思想和实事求是的关系。解放思想是为了更好的实事求是。只有思想统一才能最大限度凝聚改革共识并形成改革合力，这也是解放思想的目的所在[①]。要处理好整体推进和重点突破的关系，在全面深化改革的进程中，既要看到整体与大局，又要以重点突破带动整体推进，在整体推进中实现重点突破[②]。要认识到整体推进不等于齐头并进，而是要运用社会主义矛盾的理论，注重解决主要矛盾、解决矛盾的主要方面，实现整体推进和重点突破相统一。[③]

党的十九届四中全会《决定》明确了十三项"坚持和完善"。在坚持和完善社会主义基本经济制度方面，《决定》明确提出要加快完善社会主义市场经济体制，健全推动发展先进制造业、振兴实体经济的体制机制，要完善科技创新的体制、机制，建立以企业为主体、市

① 习近平：《习近平谈解放思想》，《人民日报》，2013-11-14.

② 习近平：《习近平关于全面建成小康社会论述摘编》，北京：中央文献出版社，2016：204.

③ 习近平：《习近平关于全面深化改革论述摘编》，中央文献出版社，2016：44.

场为导向的产、学、研深度融合的技术创新体系。这是继党的十八届三中全会《决定》首次在党中央文件中写入要建立产、学、研协同创新机制、党的十九大提出要建立产、学、研深度融合的技术创新体系、2018 年中央经济工作会议提出要增强制造业技术创新能力以及要健全需求为导向、企业为主体的产、学、研一体化创新机制，再次体现了以不断深化产、学、研协同创新的制度创新来完善社会主义市场经济体制、推动制造业发展的国家意志和改革思维，为坚持和完基本经济制度、向治理效能转化提供了顶层设计与明确的方向。

处理好胆子要大和步子要稳的关系。正确处理好政府、市场之间的关系是经济体制改革的核心问题。经济体制改革即要胆子大，更要步子稳，这个稳的一个重要方面就是在更好在发挥政府作用方面和宏观政策是否稳。只有宏观政策在发展中保持相对稳定，市场经济的运行才能稳定、有序以及避免恶性竞争和投机行为。宏观调控保特稳定在具体运行中体现为稳定和调控程度的有机统一，这也是增强市场经济主体活力与动力的可力保障。在经济体制改革的实践中，以我国 2013 年 9 月正式挂牌成立的第一个自贸区既上海自贸区的为例，这是在一个国家领域内建立自贸区的大胆探索与尝试。试验区大力转变政府职能，实现行政审批、金融制度、贸易服务等多项改革措辞。在自贸区内对于外商投资，实现的是负面清单制度所体现的"法无禁止即可为"的市场规则。自上海之后，第二批是成立福建、天津和广东三个自贸区。第三批在辽宁、浙江、河南、湖北、重庆、四川和陕西建立七个自贸区，第四批成立中国"最年轻"海南的自由贸易试验区。由第一个自贸区的建立，到渐进式地实现制度创新的"1+3+7+1"战略，体现了经济体制改革的胆子大和步子稳的方法。这项重大改革是以制度创新为着力点，也是国家治理体系、治理能力现代化的实践探索。

　　要处理好改革发展稳定的关系，在社会主义现代化建设过程中，改革、发展和稳定三者相互促进相互完善，才能推进社会主义的现代化进程。稳定是国家发展的前提，只有社会稳定改革、发展才能推进，但是稳定不是不动，而是稳中有进，在改革和发展中实现稳定。

结　语

　　对于中国特色社会主义制度不断自我完善和发展的制度变迁过程，以辩证唯物主义和历史唯物主义为方法论基础的马克思主义制度分析理论最具有解释力和说服力，并且事实上也始终发挥着主导作用，并且具有适应性制度分析所需要的宏观制度分析框架。面对新时代中国经济发展的阶段性特点，尤其是供给侧结构性改革背景下，以产业协同创新为主攻方向提高供给体系质量和效率，建立高质量的制度体系、提高制度的适应性效率，需要以中国特色社会主义政治经济学的最新成果、以新发展理念为主要内容的习近平新时代中国特色社会主义经济思想为指引。

　　马克思主义经济学制度分析具有与时俱进的品质和个体与整体、微观与宏观辩证统一的方法论特性与分析视角，需要在进一步对其进行阐释的基础上，突出制度分析的分工与协作环节并以其问题为导向进行适应性制度分析，以增强马克思主义经济学理论指导、解决中国经济现实问题的理论自信。以分工与协作为核心的制度适应性分析，其重点在于构建促进市场经济主体彼此间优势互补、创造协同效应的制度结构，其制度系统演进体现为良好的制度环境、最优的制度安排与耦合的协同机制间的有机统一。在具体应用实践中，面向分工与协作的制度适应性效率、以制度的适应性问题为导向进行制度分析，还需要结合中国区域、产业、企业间分工与协作具体情况，尤其需要透视其制度系统自适应与外部适应性问题。制度演化在生产力与生产关系矛盾运动这个内在动力推动下，有意识的人类认知的参与成为其外在动力。在这一认知过程中，以制度适应性问题为导向探寻适应性制度优化路径，符合以问题为导向的中国经济发展要求。通过建立产业协同创新制度演化的认知机制，以产业协同创新的制度适应性问题为导向，建立其适应性程度 – 适应性问题 – 适应性制度优化路径与政策路径，探究制度分析从理论诠释研究走向结合中国经济实际的应用研究，有助于增强对马克思主义经济学制度分析理论与方法解决中国问题的理论自信。

战略联盟作为一种全新的现代企业经营方式，已被众多的企业管理者视为企业发展全球战略最快速、经济的方法。产业技术创新联盟分工与协作以提升产业技术创新能力为目标，联盟制度系统存在的复杂性问题反映了技术创新能力提升对联盟制度的要求，可从联盟制度的规制性问题、规范性问题和文化 – 认知性问题方面来认知。在产业技术创新联盟制度分析的逻辑架构中，构建联盟制度系统复杂性问题程度的认知机制是关键，而高质量的制度效率衡量指标体系的建立是其制度分析的逻辑基础。产业协同创新不同制度结构存在不同制度缺陷与协同机制构建，通过协同机制对创新资源、创新行为等微观层次运行的控制、引导和激励，使系统内各子系统相互作用转化为实现效益与公平的宏观定向运动。从市场对资源配置起基础性作用到市场在资源配置中起决定性作用，产业协同创新的系统外部环境中，应体现更好地发挥政府作用的政策保障。

产业协同创新的制度演化在以分工与协作为核心环节的适应性制度演化分析中，首先要明确产业协同创新的制度分析范畴和制度结构。马克思主义经济学制度分析是在生产力和生产关系、经济基础和上层建筑之间互相作用的整体联系和内在辩证关系中研究经济制度。马克思虽未给予制度以明确的定义，但在其制度理念中，经济制度是一定生产力水平下约束人们经济行为的基本规则。由经济基础和上层建筑所构成的层次分明的社会制度结构体系，广泛地包含了生产关系层面的经济制度和上层建筑层面的与经济制度相适应的意识形态以及政治、法律等制度体系，就其制度分析范畴而言亦完全可以融合新制度经济学所提出的正式制度、非正式制度以及机制等制度内涵。产业协同创新作为社会分工和企业内部分工之间的一种复杂的组织间分工方式，体现了社会分工的当代演进与发展，其制度演化区别于协同创新的组织演进，强调在马克思主义经济学制度分析整体框架下分析创新资源优化配置和制度约束之间的耦合作用，通过促进制造业协同创新主体发挥 1+1+1>3 的非线性整体功效，来实现提高企业技术创新能力。

产业协同创新的制度分析范畴不仅包括其制度系统，还涉及与其相互作用、相互联系的宏观社会制度环境。产业协同创新的制度系统作为开放系统，嵌入到由政治、法律制度、意识形态和文化等构成的社会制度环境中，其演化发展不可能脱离与环境间的信息、能量等交流。在生产力与生产关系、经济基础与上层建筑的整体联系中，整体的规律决定整体和位于其中的个体的的特征，整体规律赋予个体的属性要远比这些个体在整体之外单独获得的属性要大得多。由生产关系总和和其派生建立、并反映一定社会经济基础的政治、法律制度和意识形态等上层建筑所构成的社会制度，为产业协同创新制度演化提供宏观制度环境，对产业技术创新能力的提高具有促进和推动的反作用。

党的十九届四中全会审议通过的《决定》明确提出，明确提出我国国家制度和国家治理体系的一个显著优势就是"坚持公有制为主体、多种所有制经济共同发展和按劳分配为主体、多种分配方式并存，把社会主义制度和市场经济有机结合起来，不断解放和发展社会生产力的显著优势"。基本经济制度优势如何更好地转换为国家治理效能，从制度环境而言，影响着产业协同创新的制度演化与发展。

推动基本经济制度优势向国家治理效能转化，不仅仅是单凭经济体制改革来完成的，必然在全面深化改革这一系统工程中协调推进。中国的全面深化改革始终是在马克思主义理论的指导下进行的。深化经济体制改革，紧紧围绕使市场在资源配置中起决定性作用和更好发挥政府作用，这一系统工程需要在辩证唯物主义和历史唯物主义立场、观点和方法为指导，正确运用以全面深化改革中一些重大关系为特征的正确的思想方法，具体包括处理好解放思想和实事求是的关系、处理好顶层设计和摸着石头过河的关系、处理好整体推进和重点突破的关系、处理好胆子要大、步子要稳的关系和处理好改革、发展、稳定的关系。

中国特色社会主义制度的最大优势是中国共产党的领导，党的领导是推进国家治理体系、治理能力的根本保证和核心。经济体制改革的核心是市场在资源配置中起决定性作用，更好发挥政府作用，体现了政府和市场耦合作用的辩证统一关系。中国是社会主义国家，社会主义的本质要求是共同富裕，坚持党对经济工作的集中统一领导，更有利于在改革过程中保障全体人民的整体利益，因为中国共产党本身就代表最广大人民群众的根本利益。

经济制度分析要体现以人民为中心的发展思想，并要坚持这个经济发展的价值取向。生产关系的主体是人，是经济活动中的人与人的关系，是人本质中交往要素在经济中的集合形式，生产关系是由权利规定的，并集中表现为经济制度和体制。要始终坚持发挥人民群众的主体作用。在制定改革举措之前，要进行充分的调查研究，广泛吸取群众的意见，从群众的需求出发制定改革举措，充分调动群众的积极性和创造性，让群众参与到改革中来，依靠人民群众进行改革。

经济制度演化分析必须具有强烈的问题意识，从效率与公平出发以复杂性视角发现问题、提出问题、分析问题和解决问题。作为研究对象的经济矛盾是有国度的，如何界定、研究和解决，取决于研究的主体和主义并受主义制约。具体经济管理系统存在的矛盾反映整个社会经济系统的矛盾，是其各层次经济矛盾的具体存在和展开，也正为如此，研究具体经济管理系统的矛盾必然要将其置于更高于其系统层次的各层次矛盾之中。只有从经济制度层次认知经济系统矛盾，才能探讨解决问题的途径。

参考文献

[1] 马克思恩格斯全集（第47卷）[M]. 北京：人民出版社，1979.

[2] 马克思恩格斯选集（第1卷）[M]. 北京：人民出版社，2012.

[3] 马克思恩格斯选集（第2卷）[M]. 北京：人民出版社，2012.

[4] 资本论（第1卷）[M]. 北京：人民出版社，2004.

[5] 习近平. 习近平谈治国理政 [M]. 北京：外文出版社，2014.

[6] 程恩富，胡乐明. 经济学方法论：马克思、西方主流与多学科视角 [M]. 上海：上海财经大学出社，2002.

[7] 道格拉斯·诺思. 理解经济变迁的过程 [M]. 钟正生等，译. 北京：中国人民大学出版社，2013.

[8] 道格拉斯·诺思. 制度、制度变迁与经济绩效 [M]. 杭行，译. 上海：上海人民出版社，2014.

[9] 顾钰民. 马克思主义制度经济学 [M]. 上海：复旦大学出版社，2005.

[10] 顾自安. 制度演化的逻辑——基于认知进化与主体间性的考察 [M]. 北京：科学出版社，2011.

[11] 安德鲁·肖特. 社会制度的经济理论 [M]. 陆铭，陈钊，译. 上海：上海财经大学出版社，2005.

[12] W·理查德·斯科特. 制度与组织 [M]. 姚伟，王黎芳，译. 北京：中国人民大学出版社，2010.

[13] 青木昌彦. 制度经济学入门 [M]. 彭金辉，雷艳红，译. 北京：中信出版社，2017.

[14] 杰弗里·M.霍奇逊. 制度与演化经济学现代文选：关键性概念 [M]. 贾根良，徐尚，王晓蓉，译. 北京：高等教育出版社，2005.

[15] 林定夷. 科学哲学——以问题为导向的科学方法论 [M]. 广州：中山大学出版社，2009.

[16] 刘和旺. 诺思的制度经济绩效理论研究－兼与马克思制度分析之比较 [M]. 北京：中国经济出版社，2010.

[17] 刘承坚. 社会分工纵横谈 [M]. 南京：江苏人民出版社，1987.

[18] 孟捷. 历史唯物论与马克思主义经济学 [M]. 北京：社会科学出版社，2016.

[19] 苗东升. 复杂性科学研究 [M]. 北京：中国书籍出版社，2013.

[20] 钱书法等. 分工演进、组织创新与经济进步 [M]. 北京：经济出版社，2013.

[21] 吴易风. 马克思主义经济学和西方经济学的比较研究（第 1 卷）[M]. 北京：中国人民大学出版社，2007.

[22] 汪丁丁. 制度分析基础讲义 [M]. 上海：上海人民出版社，2005.

[23] 王虎学. 马克思分工思想研究 [M]. 北京：中央编译出版社，2012.

[24] 韦森. 经济学与哲学：制度分析的哲学基础 [M]. 上海：上海人民出版社，2005.

[25] 解战原. 当代社会分工论 [M]. 中国政法大学出版社，1991.

[26] 包心鉴. 论中国特色社会主义制度 [J]. 新视野，2011（6）.

[27] 程恩富. 马克思主义制度经济理论探讨 [J]. 学习与探索，2009（3）.

[28] 陈劲，阳银娟. 协同创新的理论基础与内涵 [J]. 科学学研究，2012（2）.

[29] 陈权. 从两次批判看马克思平等观的理论本质 [J]. 山东社会科学，2017（12）.

[30] 陈宇韬. 马克思主义生产地域分工理论的当代思考 [J]. 内蒙古农业大学学报（社会科学版），2010（2）.

[31] 陈晓红，解海涛. 基于"四主体动态模型"的中小企业协同创新体系研究 [J]. 科学学与科学技术管理，2006（8）.

[32] 程启智. 发展当代马克思主义政治经济学两个相关重大问题的思考 [J]. 河北经贸大学学报，2017（2）.

[33] 曹兴，张伟，张云. 战略性新兴产业自主技术创新能力测度与评价 [J]. 中南大学学报（社会科版），2017（1）.

[34] 崔向阳，崇燕. 马克思的价值链分工思想与我国国家价值链的构建 [J]. 经济学家，2014（12）.

[35] 迟考勋，袭著燕. 产业技术创新联盟知识共享规则设计研究：程序规划与制度构建 [J]. 情报科学，2015（6）.

[36] 戴蕾，王非. 产业集聚的动因：马克思主义经济学的视角 [J]. 经济经纬，2010（3）.

[37] 丁任重，李标. 马克思的劳动地域分工理论与中国的区域经济格局变迁 [J]. 当代经济研究，2012（11）.

[38] 丁建洋. 日本大学共同利用组织制度的历史演进与运行机理 [J]. 外国教育研究，2015（2）.

[39] 董树功. 协同与融合：战略性新兴产业与传统产业互动发展的有效路径 [J]. 现代经济探讨，2013（2）.

[40] 郭莉，苏敬勤. 基于 Logistic 增长模型的工业共生稳定分析 [J]. 预测，2005（1）.

[41] 黄凯南. 制度演化经济学的理论发展与建构 [J]. 中国社会科学。2016（5）.

[42] 洪银兴. 关于创新驱动和协同创新的若干重要概念 [J]. 经济理论与经济管理，2013（5）.

[43] 洪银兴. 准确认识供给侧结构性改革的目标和任务 [J]. 中国工业经济，2016（6）.

[44] 洪永淼. 站在中国人的立场上，用现代方法研究中国问题，用国际语言讲述中国故事 [J]. 经济研究，2017（5）.

[45] 何郁冰. 产学研协同创新的理论模式 [J]. 科学学研究，2012（2）.

[46] 韩斌，孟琦. 战略联盟协同机制生成的系统结构演化分析 [J]. 科技进步与对策，2007（11）.

[47] 贾根良. 演化经济学：第三种经济学体系的综合与创新 [J]. 学术月刊，2011（6）.

[48] 金建萍. 马克思社会分工理论与人的全面发展 [J]. 北京航空航天大学学报（社会科学版），2011，24（4）.

[49] 李省龙. 马克思主义制度分析理论的总体构成 [J]. 经济学动态，2003（5）.

[50] 李焱焱，叶冰，杜鹃等. 产学研合作模式分类及其选择思路 [J]. 科技进步与对策，2004（10）.

[51] 李恒. 产学研结合创新及其法律制度保障体系的构建 [J]. 科技进步与对策，2010（6）.

[52] 李薇. 中国制度环境下的技术标准战略及其联盟机制 [J]. 华东经

济管理, 2012（10）.

[53] 李节, 肖磊. 马克思经济学范式中的现代系统思想 [J]. 马克思主义研究, 2012（7）.

[54] 李翀. 论社会分工、企业分工和企业网络分工 [J]. 当代经济研究, 2005（2）.

[55] 林岗, 刘元春. 制度整体主义与制度个体主义——马克思与新制度经济学的制度分析方法比较 [J]. 中国人民大学学报, 2001（2）.

[56] 刘益, 李垣, 杜旖丁. 战略联盟模式选择的分析框架 [J]. 管理工程学报, 2004（3）.

[57] 刘晓云, 赵伟峰. 我国制造业协同创新系统的运行机制研究 [J]. 中国软科学, 2015（12）.

[58] 刘晓文, 于瑾, 陆娜. 治理视角下的高校协同创新制度设计研究 [J]. 科技管理研究, 2013（13）.

[59] 刘凤义. 企业理论研究的三种范式——新、老制度学派与马克思经济学的比较 [J]. 社会科学研究, 2007（5）.

[60] 刘凤义. 资本主义多样性研究的方法论探讨——新古典经济学、演化经济学与马克思经济学的比较 [J]. 马克思主义研究, 2007（11）.

[61] 刘云山. 增强问题意识, 坚持问题导向 [J]. 党建, 2014（6）.

[62] 刘和旺. 马克思与诺思制度分析方法之比较——兼论宏观制度分析的微观基础 [J]. 学习与实践, 2011（3）.

[63] 刘笑菊, 周国峰. 从马克思的分工理论看人的全面发展 [J]. 经济与社会发展, 2007（5）.

[64] 刘启强, 何静, 罗秀豪. 广东产学研技术创新联盟建设现状及存在问题研究 [J]. 科技管理研究, 2014（9）.

[65] 刘英基. 我国产业高端化的协同创新驱动研究 [J]. 中国地质大学学服，2013（11）.

[66] 卢现祥. 美国高校产学研合作的制度创新、特色及其对我国的启示 [J]. 福建论坛（人文社会科学版），2015（5）.

[67] 孟琦. 产业技术创新联盟制度分析：视角、范畴与逻辑架构 [J]. 中国科技论坛，2017（9）.

[68] 马瑞丽，吴宁. 劳动分工与社会公平 [J]. 河南科技学院学报，2013（7）.

[69] 逄锦聚. 习近平新时代中国特色社会主义经济思想的时代价值和理论贡献 [J]. 社会科学辑刊，2018（6）.

[70] 钱书法，周绍东. 产品内分工陷阱：马克思分工理论与产品建构理论的解释及其比较 [J]. 经济学家，2010（10）.

[71] 秦军. 我国产学研合作的动因、现状及制度研究 [J]. 技术经济与管理研究，2011（11）.

[72] 任爽. 产业技术创新战略联盟的现状与展望 [J]. 纺织科学研究，2019（1）.

[73] 宋智勇. 西方制度分析中的整体主义与个体主义 [J]. 当代经济研究，2011（8）.

[74] 史会斌，吴金希. 基于任务环境和制度环境的联盟中组织公平感对合作行为的影响研究 [J]. 软科学，2013（12）.

[75] 司林波，孟卫东. 装备制造业技术协同创新机制协同度评价 [J]. 技术经济与管理研究，2017（2）.

[76] 盛明科，罗娟. 中印科技创新战略与政策比较研究 [J]. 科技进步与对策，2018（9）.

[77] 唐斌，杜洁，余华. 湖南省产学研协同创新的现状、问题与对策 [J]. 中国科技论坛，2015（4）.

[78] 吴英. 唯物史观:一门真正的实证科学 [J]. 史学集刊，2017（6）.

[79] 吴易风. 马克思的生产力—生产方式—生产关系原理 [J]. 马克思主义研究，1997（2）.

[80] 吴思斌，唐书林，肖振红等. 网络模仿、集群结构和产学研区域协同创新研究 [J]. 管理工程学报，2016（4）.

[81] 汪宗田. 马克思主义制度经济理论的创新与发展 [J]. 中南财经政法大学学报，2013（6）.

[82] 王巾，马章良. 长三角地区产业技术创新联盟区域协同发展研究 [J]. 科技与经济，2016（2）.

[83] 王越，费艳颖，刘琳琳. 产业技术创新联盟组织模式研究——以高端装备制造业为例 [J]. 科技进步与对策，2011（24）.

[84] 王文岩，孙福全，申强. 产学研合作模式的分类、特征及选择 [J]. 中国科技论坛，2008（5）0.

[85] 王焕祥. 马克思演化经济学的微观基础 [J]. 当代经济研究,2008（1）.

[86] 王子龙，谭清美，许箫迪. 区域企业集群共生模型及演化机制研究 [J]. 南京航空航天大学学报（社会科学版），2006（3）.

[87] 万幼清，王云云. 产业集群协同创新的企业竞合关系研究 [J]. 管理世界，2014（8）.

[88] 武玉英，李俊涛，蒋国瑞. 京津冀制造业协同创新理论模型及发展对策 [J]. 科技进步与对策，2014（12）.

[89] 魏剑锋. 马克思分工协作理论视角下的产业集群竞争优势 [J]. 中国社会科学院研究生院学报，2007（9）.

[90] 魏中龙，金益. 论企业间的非竞争性战略联盟 [J]. 北京工商大学学报（社会科学版），2008（5）.

[91] 夏丽娟，谢富纪，王海花. 制度邻近、技术邻近与产学协同创新绩效 [J]. 科学学研究，2017（5）.

[92] 熊勇清，李世才. 战略性新兴产业与传统产业耦合发展研究 [J]. 财经问题研究，2010（10）.

[93] 辛鸣. 制度评价的标准选择 [J]. 中国人民大学学报，2005（5）.

[94] 辛向阳. 全面深化改革要坚持好马克思主义的世界观和方法论 [J]. 党的文献，2018（12）.

[95] 解学芳. 基于技术和制度协同创新的国家文化产业治理 [J]. 社会科学研究，2015（2）.

[96] 于金富. 构建马克思主义制度经济学的科学范式 [J]. 经济纵横，2008（9）.

[97] 杨芳. 从社会分工看构建社会主义和谐社会的现实性 [J]. 江南大学学报（人文社会科学版）2009，8（2）.

[98] 杨子刚. 政府介入情景下产学研协同创新合作模式的博弈分析 [J]. 东北师大学报（哲学社会科学版），2018（3）.

[99] 张钢，陈劲，许庆瑞. 技术、组织与文化的协同创新模式研究 [J]. 科学学研究，1997（6）.

[100] 张文彬. 产学研融合应用型人才培养机制创新探究 [J]. 中国成人教育，2017（24）.

[101] 张艳娥. 十八大以来中国特色社会主义制度完善发展的逻辑经验 [J]. 甘肃理论学刊，,2017（9）.

[102] 周文，何雨晴. 国家治理现代化的政治经济学逻辑 [J]. 财经问

题研究，2020（4）.

[103] 周继良. 大学协同创新的内部现实困境与制度改进 [J]. 四川师范大学学报（社会科学版），2012（11）.

[104] 周业安，赖步连. 认知、学习和制度研究——新制度经济学的困境和发展 [J]. 中国人民大学学报，2005（1）.

[105] 周绍东，钱书法. 以"劳动—分工—所有制"为主线的马克思主义经济发展理论研究 [J]. 当代经济研究，2013（12）.

[106] 周小亮，李婷. 技术创新与制度创新协同演化下促进经济增长的条件研究 [J]. 东南学术，2017（1）.

[107] 周志山. 马克思分工理论的社会关系分析向度 [J]. 理论探讨，2003（6）.

[108] 赵峰. 马克思主义与新古典主义增长理论的比较分析 [J]. 中国人民大学学报，2006（2）.

[109] 赵明霞，李常洪. 产业技术创新联盟防"道德风险"激励机制设计 [J]. 经济问题，2015（5）.

[110] 苑清敏等. 我国战略性新兴产业与传统产业耦合影响力研究 [J]. 科技管理研究，2015（19）.

[111] 朱富强. 制度改进的基本思维：演化动力和优化原则 [J]. 财经研究，2012（4）.

[112] 朱富强. 如何理解马克思经济学中的社会异化 – 省略 – 收入分配再到社会制度的三层次剖析 [C]. 中国会议，2012（8）.

[113] 左志刚. 国外企业战略联盟研究的整体性分析：结构趋势与整合成果 [J]. 外国经济与管理，2015（1）.

[114] 甄喜善. 运用马克思分工理论推进改革建设事业 [J]. 中国社会

科学报，2014（12）.

[115] 李世清. 竞争性战略联盟中资源、合作风险与联盟结构研究 [D]. 重庆大学博士学位论文，2010.

[116] 孟琦. 战略联盟竞争优势获取的协同机制研 [D]. 哈尔滨工程大学博士论文，2007.

[117] 韩斌. 企业战略联盟自组织演化机制研究 [D]. 哈尔滨工程大学博士论文，2008.

[118] 王禹琦. 我国产业协同创新制度演化的问题与对策研究 [D]. 哈尔滨工程大学硕士论文，2018.

[119] 陈凯悦. 习近平全面深化改革方法论研究 [D]. 哈尔滨工程大学硕士论文，2020.

[120] 张道亮. 产学研战略联盟的基本模式与共赢机制研究 [D]. 哈肥工业大学硕士论文，2012.

[121] Williamson. The new institutional economics: taking stock, looking ahead [J]. Journal of Economic Literature, 2000(38).

[122] A dams JS. Inequity in social exchange[J].Advances in Experimental Social Psychology, 1965,2(1).

[123] Greif, A., and D.Laitin. A Theory of Endogenous Institutional Change[J]. American Political Science Review, 2004,98(4).

[124] Gloor, P..Swarm Creativity: Competitive Advantage through Collaborative Innovation Networks[M]. Oxford: Oxford University Press, 2006.

[125] Lloyd, C.. The Structures of History[M]. Blackwell: Blackwell Publisher, 1993.

[126] Nelson, R.R, and S.G. Winter. An Evolutionary Theory of Economic Change[M]. Cambridge, Massachusetts: Belknap Press of Harvard University Press, 1982.

[127] 中共中央国务院印发《国家创新驱动发展战略纲要》[N]. 人民日报，2016–05–20（第 001 版）.

[128] 产业技术创新试点联盟联络组. 2015 年度产业技术创新战略联盟活跃度评价报告 [R/OL].（2016–05–31）[2017–02–28]. http://www.most.gov.cn/jscxgc/jscxdtxx/201605/t20160531_125874.htm